Le cardinal

DE LA MÊME AUTEURE

Coups pour coups. Petits secrets et grandes manœuvres du duel Hollande-Sarkozy, avec Nicolas Barotte, Éditions du Moment, 2012

Ça reste entre nous, hein ? Deux ans de confidences de Nicolas Sarkozy, avec Frédéric Gerschel, Flammarion, 2014

Madame la Présidente, avec Ava Djamshidi, Plon, 2019

Chérie, j'ai rétréci la droite ! Dans les secrets de la relation Macron-Sarkozy, avec Olivier Beaumont, Robert Laffont, 2021

Les Naufrageurs. Comment ils ont tué la politique, Robert Laffont, 2024

Nathalie Schuck

Le cardinal

Les combats et ambitions
de Bruno Retailleau,
le nouvel homme fort de la droite

Robert Laffont

ISBN : 978-2-221-28161-1
Dépôt légal : septembre 2025
Éditions Robert Laffont – 92, avenue de France, 75013 Paris
contact@robert-laffont.com

À vous les miens, les Ligériens qui, face au pire,
m'ont donné à voir le meilleur

Prologue

« *Le cardinal Retailleau* » : ainsi l'avait rebaptisé Jean-Claude Gaudin, comme lui fervent croyant, et qui aimait à côtoyer les prélats. Qui sait que ces deux sénateurs, l'un méridional et l'autre vendéen, les pieds bien plantés dans la glaise de leurs terres d'élection, cultivaient pour les santons de crèche une même passion ? Jamais l'ancien maire de Marseille aux accents pagnolesques ne manquait l'inauguration haute en couleur de la Foire aux santons de la Cité phocéenne, avec sa messe en langue provençale et ses danses folkloriques au son du flûtiau. André Malraux, ministre des Affaires culturelles du général de Gaulle, vantait lui-même cet art naïf et populaire. Longtemps, Bruno Retailleau a exposé dans son bureau au Sénat des figurines d'argile de sa collection. Dont certaines lui ont été léguées par Jean-Claude Gaudin justement, en une occasion toute particulière. Quand il succède à son ancien mentor Philippe de Villiers à la tête du conseil général de Vendée, dans d'épiques conditions, le futur ministre de l'Intérieur et des Cultes fait installer dans le hall, comme chaque fin d'année, une crèche de la Nativité. Cherche-t-il alors à tester les limites de la laïcité ou à perpétuer une tradition ancrée ? Le tribunal administratif de Nantes voit rouge et le somme de mettre fin à cette incartade supposée à l'obligation de neutralité du service public. Homme de convictions, l'ancien villiériste, rallié à François Fillon puis à l'UMP, ne lâche rien, disposé à aller jusqu'à la Cour européenne des droits de l'homme. À chaque étape de cette bataille homérique, Gaudin, qui lui a cédé les clés au Sénat du groupe UMP, lui offre un santon à titre d'encouragement. Après six ans de combat, le Conseil d'État lui donne raison, concédant qu'il s'agit d'une tradition typique de l'Ouest, non d'un emblème religieux. Les santons sont, depuis sa promotion surprise à Beauvau, sagement rangés dans un carton.

Des hommes d'Église, Bruno Retailleau a l'austérité toute monacale et le goût du labeur. La malice cardinalice aussi, tant est puissante sa détermination à mener à bien sa « *mission* » : porter au plus haut ses idées en engageant un bras de fer idéologique et culturel avec la gauche. Un sénateur LR qui l'a beaucoup fréquenté invite à se méfier de sa politesse onctueuse, de ses manières affables : « *Il se lève et se couche homme politique. Il n'enlève jamais l'habit, comme un ecclésiastique : quand vous entrez dans les ordres, vous n'ôtez jamais la robe !* » « *Chez moi, on l'appelle "le petit séminariste", celui qu'on ne voit pas venir. Il ne va pas s'arrêter là !* prédit un fidèle depuis plusieurs décennies. *Pourquoi ne pas imaginer qu'il soit le candidat de la droite en 2027 ? Laurent Wauquiez est major de l'ENA, mais il lui est passé devant. Je suis convaincu qu'il est celui que la France attend.* »

Qui est vraiment le nouvel homme fort de la droite, lancé à pleine vitesse vers la prochaine présidentielle ? Un conservateur bon teint à la mode britannique ? Un notable enraciné élevé au bon grain des terres ligériennes qui se serait adouci au fil des ans et au compagnonnage d'élus plus tempérés que lui, depuis son élection au Sénat, temple de la modération, jusqu'à son entrée au gouvernement, où il côtoie des centristes, macronistes et même d'anciens socialistes ? Ou est-il plutôt un idéologue prêt à tous les travestissements pour porter au sommet du pouvoir la doxa conservatrice, jusqu'à s'immiscer, tel le coucou, dans le nid de la macronie avec qui il jurait de ne jamais collaborer ? Un de ses porte-parole a cette formule édifiante : « *Retailleau, c'est la fermeté sans la gêne sociale de dire : "Je vote RN."* »

Pour percer le mystère de cet homme si secret, aux multiples facettes insoupçonnées, l'auteure, qui scrute son parcours depuis la présidentielle de 2017, a interrogé ses amis, ses ennemis, des élus locaux et de hautes personnalités politiques, à Paris comme dans les Pays de la Loire. Une cinquantaine de témoins, dont certains l'ont connu sur les bancs de l'école. Lui-même s'est prêté au jeu, me recevant longuement dans son bureau à Beauvau ou dans sa ferme familiale de Saint-Malô-du-Bois. Jamais, précisons-le, il n'a cherché à entraver cette enquête, ni n'a réclamé de relire ses propos avant la publication de cet ouvrage. Depuis l'avènement de la « start-up nation », cette revendication pressurisante des responsables politiques s'est hélas généralisée, au point d'être devenue une règle implicite dans leurs relations avec les journalistes. L'enjeu n'était pas mince, pourtant, pour l'ancien sénateur, resté longtemps dans l'ombre et qui voit s'ouvrir aujourd'hui devant lui le champ des possibles. Comment ne pas se prendre à rêver du fauteuil de Jupiter lorsqu'on connaît comme lui, à la soixantaine passée, une résurrection politique inattendue ? Pendant des années, terré au Sénat, il a vu toutes les portes se fermer devant lui, son ami François Fillon trébucher de son piédestal, les militants de son parti se refuser à lui. Jusqu'à ses plus proches qui, malgré toute l'estime personnelle et intellectuelle qu'ils lui portaient, ne croyaient plus en lui ni en ses chances de percer.

Tout a changé à la faveur de la rocambolesque dissolution décrétée par Emmanuel Macron, qui a rebattu les cartes de sa destinée en lui offrant les clés d'un ministère régalien parmi les plus convoités. Et s'il était le dauphin maudit de la macronie ? Élu rural à l'ancienne passé par quasiment tous les mandats, il est l'antithèse absolue du chef de l'État, qui a méprisé ce *cursus honorum*. Regardé souvent à droite comme un cousin éloigné de province, un villiériste défroqué qu'il convenait de tenir en lisière, souvent moqué pour sa foi ardente et son physique de jockey qui dissimule sa force de caractère, le voici devenu le maître du jeu à droite, propulsé aux commandes de l'ancien parti de Jacques Chirac et Nicolas Sarkozy. Vengera-t-il demain François Fillon, son deuxième père spirituel ? Après avoir conquis les militants des Républicains, rencontrera-t-il le pays ? Ou cet ancien soutien de La Manif pour tous se heurtera-t-il, en raison de ses idées radicales sur les questions de société, à un plafond de verre ? Un élu de Vendée, qui le connaît par cœur, suggère de ne surtout pas le sous-estimer : *« Bruno Retailleau, c'est trente ans d'ambition. »*

1

Le « p'tit Bruno de Saint-Malô »

La vie ne tient, souvent, qu'à un fil. Bruno Retailleau en sait quelque chose, pour avoir croisé quelques fois l'ombre de la Grande Faucheuse. Son existence, à tout dire, aurait pu ne jamais débuter et on en serait resté là de cet ouvrage, nul et non avenu. Appelé sous les drapeaux durant la Première Guerre mondiale pour affronter les « Boches » dans l'infanterie, son grand-père Lucien Retailleau, tout jeune Poilu de 22 ans, croise la route d'un cavalier allemand à cheval dans les premières semaines du conflit. L'ennemi lui tire une balle en pleine gorge et le laisse agonisant. Lourdement blessé, il trouve la force de se relever. Démarre alors une journée d'errance et de souffrances à quérir du secours, qu'il racontera dans le détail bien des années plus tard à ses petits-enfants. À bout de forces, l'ancêtre Retailleau finit par entendre des cris au loin et rampe péniblement jusqu'à un soldat, grièvement blessé aux yeux lui aussi. Il obtient de ce compagnon d'infortune qu'il lui ôte la lourde besace de cuir qui lui tient lieu de paquetage et rend sa douleur à la gorge insoutenable. Las, aveuglé par sa blessure au visage, fou de souffrance, l'homme qui lui vient en aide s'agite à l'excès, se mettant gravement en danger. « *Couche-toi ! Tu vas recevoir une balle* », somme l'aïeul Retailleau. Mais son comparse est fauché par un tir ennemi et tué sur le coup. Lui-même au seuil du trépas, il atterrit dans un fossé. Au fond de cette tranchée de misère, Lucien Retailleau adresse un vœu à la Vierge Marie : s'il s'en sort, il se rendra chaque jour du reste de sa vie à l'église. Puis il perd connaissance. Son corps est récupéré sur un chariot et donné pour mort au vu de son impressionnante blessure. Il ne devra son salut qu'au fait que la balle n'a pas tranché l'aorte.

★

Son petit-fils Bruno (Daniel, Marie, Paul de ses autres prénoms civils) voit le jour un demi-siècle plus tard, le 20 novembre 1960, baptisé sans tarder les jours suivants, tradition vendéenne oblige. Depuis, il rêverait, petite coquetterie, de modifier son lieu de naissance officiel, la ville de Cholet, où sa mère ne fit qu'un bref séjour à la maternité le temps de le mettre au monde. Car il est le seul dans sa famille, avec sa grand-mère paternelle, à ne pas avoir vu le jour à Saint-Malô-du-Bois[1]. Or chez les Retailleau, on pousse son premier cri et on rend son

1. Dans un souci de simplification, on désignera la commune sous son nom raccourci, Saint-Malô.

dernier soupir dans cette paisible bourgade de 1 600 âmes du nord-est de la Vendée, à une heure de Nantes, vallonnée de collines et cernée de terres agricoles. On est « bocain » de père en fils, comme on dit des habitants du bocage. Ses deux parents Annie et Michel y sont nés et ont grandi à quelques centaines de mètres seulement l'un de l'autre, avant de fonder une famille de quatre enfants, dont Bruno Retailleau est l'aîné. La fratrie compte deux filles, Danielle et Brigitte, nées à onze mois d'intervalle, et le petit dernier, Sébastien, arrivé neuf ans après son grand frère.

Le futur ministre garde le souvenir d'une enfance heureuse, radieuse même. Femme au foyer, sa mère ne chôme pas, prenant soin de tous, enfants comme aînés, et épaulant son mari, négociant en grains, comme secrétaire et comptable. Grande optimiste dans l'âme, elle n'est qu'encouragements et mots doux pour son aîné, pourtant pas très bon élève. « *Moyen, plutôt timide*[2] », concède Bruno Retailleau. Scolarisé à l'unique école primaire du bourg, le petit brun à la chevelure parsemée de bouclettes ne force pas son talent. « *Quoi que je fasse, avec ma mère, c'était très bien. Elle était très aimante, elle positivait toujours. Quand j'avais une note moyenne, elle me disait : "La prochaine fois, ce sera mieux"* », se remémore-t-il. Il en va autrement de son père, qui en impose et fait régner

2. Rencontre avec l'auteure, 23 décembre 2024. Sauf mention contraire, toutes les citations sont issues d'entretiens menés dans le cadre de cet ouvrage.

une forte autorité. « *Ce n'était pas un rigolo ! Il était très dur. Il pouvait tirer sur son chien à la chasse pour lui faire peur. Ce n'était pas un tendre, mais il aimait beaucoup la lecture* », se souvient un témoin de l'époque. Un casse-cou, ce père, qui raffole des sports mécaniques. Dans la famille, on se raconte dans les repas de fête les péripéties de Michel Retailleau qui, lorsqu'il était jeune homme, empruntait la 4 CV parentale pour descendre à vive allure la rue principale de la commune, avant de la garer d'un brutal tête-à-queue à grands coups de frein à main. À ses heures perdues, Michel pilote un Stampe, petit avion biplace à hélices conçu pour la voltige où il emmène en promenade enfants et amis. Casque de cuir et lunettes de protection sur le crâne, le visage battu par le vent, il sillonne les airs et les mers, faisant parfois dresser les cheveux sur la tête de son passager. Son grand jeu ? Couper le moteur et laisser l'appareil partir en planeur. Plus d'un, à bord, en a crevé de trouille. C'est grâce à ces balades aériennes qu'il découvrira l'île d'Yeu, où la famille coulera des jours heureux en investissant dans une résidence secondaire, devenue depuis le paradis caché de Bruno Retailleau et des siens.

Dans la maison de bourg de Saint-Malô, les journées de la famille Retailleau sont rythmées par les allées et venues des clients et administrés de Michel, devenu maire en 1965 en succession de son propre père et grand-père. Délaissant la petite mairie, les Malouins ont pris l'habitude de venir chez lui lorsqu'une formalité ou une urgence se présentent. Si bien que la sonnette de la demeure carillonne à toute heure du jour et de la nuit pour des bagarres, suicides et autres drames. Ce qui convaincra Bruno Retailleau, lorsqu'il entamera son propre parcours politique à la fin des années 1980, de ne jamais devenir maire pour préserver ses proches. Un paradoxe pour cet *« enraciné »* – son expression fétiche – qui a occupé tous les mandats locaux à l'exception de celui-ci.

Ni fortunés ni dans le besoin, les Retailleau émargent dans la classe moyenne supérieure. *« En milieu rural, marchand de grains, c'était une profession indispensable qui faisait le lien entre les agriculteurs et les grosses entreprises. On achetait le grain, on vendait des engrais. Je me souviens de papa qui envoyait des camions au moment de la moisson »*, narre Bruno Retailleau. Premier magistrat de la commune, son père jouit d'un statut social à part. Pas un baptême, un mariage ou un enterrement sans que le maire et sa famille soient conviés. Les jeunes années de Bruno Retailleau sont jalonnées de kermesses, fêtes sportives et de village, laïques et religieuses. Il garde en mémoire les Fêtes-Dieu, célébrées après la Pentecôte : avec les gamins de la commune, il partait cueillir des brassées de fleurs, digitales et marguerites, pour décorer les autels et estrades et tapisser le sol de pétales sur le passage du cortège du Saint-Sacrement. *« On arrêtait toute la circulation et chaque quartier avait en charge un reposoir. On déroulait, non pas un tapis rouge, mais un tapis de fleurs. On était très fiers. »*

Mais son enfance, c'est d'abord sa famille. À commencer par ses deux grands-pères, si différents de tempérament, qui vont largement contribuer à le forger. « *Ils ont beaucoup compté* », dit-il, en évoquant une « *transfusion de valeurs, une transmission* » propres à ce monde rural où les anciens vieillissent aux côtés de leurs descendants. Ainsi la maison des Retailleau communique-t-elle directement avec celle, collée à la leur, de Lucien et de ses deux sœurs. Le petit Bruno n'a qu'une pièce à franchir pour les retrouver. Sa mère Annie veillera sur son beau-père et sur ses sœurs jusque dans leurs vieux jours, apprenant à leur administrer piqûres et soins du quotidien. « *J'ai bien connu mon grand-père, avec qui je vivais car il logeait à côté. Les deux maisons communiquaient, il y avait un mouvement de va-et-vient. C'est une charge pour les adultes, mais c'était merveilleux pour les enfants. Il m'a beaucoup marqué par sa sagesse, sa droiture, ses analyses, son histoire dramatique.* »

Si Bruno Retailleau n'a guère connu sa grand-mère paternelle, Marie, emportée par une crise cardiaque quand il avait 4 ans, il a été bercé par les récits sur 1914-1918 de son grand-père Lucien, qui a gardé dans sa chair la cicatrice de la balle qui lui a traversé le cou. Son aïeul lui a aussi narré les guerres de Vendée de 1793-1796 qui virent les paysans et nobles royalistes, fervents catholiques, se dresser contre la Convention révolutionnaire qui voulait leur imposer la constitution civile du clergé et la levée en masse de soldats. La commune en conserve les stigmates. La croix dite Marty rappelle cette période troublée et sanguinaire.

Un jour de l'automne 1793, François Marty, lié à un lointain ancêtre de Bruno Retailleau, récitait son chapelet sous cette croix. Une colonne de « Bleus », comme on baptisait les soldats révolutionnaires, lui demanda pour qui il priait. « Pour l'armée catholique et royale », défia-t-il, le payant de sa vie.

★

Lucien Retailleau n'a jamais oublié les heures sombres passées, mourant, au fond d'un fossé durant la Première Guerre. Il a tenu sa parole. Chaque matin à 7 heures, qu'il vente ou qu'il neige, il se rend à la petite église paroissiale de Saint-Malô, parfois seul à communier sur les bancs de bois. Le soir venu, quand la cloche sonne l'Angélus de 18 heures, il y retourne avec ses sœurs. Jeune homme, Bruno Retailleau l'emmenait en voiture, lui épargnant d'avoir à parcourir les 300 mètres séparant l'église de la demeure familiale. Très pieux, Lucien Retailleau va aller au-delà de sa promesse faite à la Vierge. Avant la Seconde Guerre mondiale, il rachète un corps de ferme en périphérie de la commune, au lieu-dit La Grande Coussaie. Un écrin de verdure au terrain accidenté, au bord de la Sèvre Nantaise. Durant le conflit de 1939-1945, il y cache un maçon qui a échappé au STO (Service du travail obligatoire, imposé par l'occupant nazi à des centaines de milliers de travailleurs français). Pour le remercier, l'homme l'aide à ériger une réplique de la grotte de Lourdes, comme il en existe plusieurs dans le département, sur un bout de parcelle. La cavité de pierre est assez haute et large pour accueillir des offices religieux et sert aujourd'hui encore pour des messes de plein air. Lucien Retailleau y ajoute un chemin de croix. Longtemps, il fut donc de tradition dans la commune, le premier week-end de septembre pour la fête de la Nativité, d'organiser avec les habitants et paroissiens un parcours le long de ce chemin de croix, agrémenté d'un pique-nique et de baignades bucoliques dans la rivière.

« *Le temps*, aime à dire Bruno Retailleau, lui-même devenu grand-père en 2024, *est un fil d'Ariane.* » Après la disparition de son aïeul Lucien, il rachète dans les années 1980 le vieux corps de ferme de La Coussaie et entreprend des travaux, avec l'aide de son père, pour bâtir sa maison. Il y demeure toujours avec son épouse Isabelle. Ici est son refuge. « *Mon équilibre est là* », dit-il. Certains bâtiments, aux poutres d'époque, portent encore la date de l'an 1763. Son bureau bibliothèque, sa pièce fétiche, était une ancienne porcherie, qui jouxtait un fournil aux murs noirs de suie. Et, pour éviter que la réplique de la grotte de Lourdes ne soit laissée à l'abandon, Bruno Retailleau a racheté la parcelle. « *Mon rêve était de vivre ici* », confie celui qui se définit comme « *un bocain, un Vendéen de l'intérieur, où l'esprit de clocher voisine avec l'air du large* ». Loin de Paris, il vit au milieu de ses poules, son petit cheptel de moutons et de brebis, son cheval Celoso, son ânesse Iza, son chien, son chat et court dès qu'il le peut sur la colline et les rives de la Sèvre, escorté désormais par des officiers de sécurité. *« Je ne peux pas vivre sans animaux, je suis un rural. C'est un rapport au lieu, un enracinement, un rapport au temps. »* Comme ses ancêtres, il sait déjà qu'il sera inhumé dans le cimetière de la commune, quand son heure viendra. *« Je suis né à Saint-Malô, je vis à Saint-Malô, je finirai à Saint-Malô »*, répète cet homme qui sait où sont ses racines.

Tout autre est son grand-père maternel, Paul Begein. Un joyeux drille, celui-là. Il a toujours une farce en tête. Enfant, le petit Paul se cachait en haut de l'armoire qui servait à l'église de confessionnal pour espionner les secrets des paroissiens. L'hiver, il attendait l'heure de la débauche des ouvrières à l'usine pour leur balancer des boules de neige. Chaque 1er avril, un Malouin avait droit à un canular, plus ou moins de bon goût. Bruno Retailleau a hérité de lui une bonne dose de facétie, de candeur même, bien cachées sous ses airs de séminariste à la mine grave. Le futur « premier flic de France », volontiers austère, souvent si sévère, peut éclater de rire aux blagues les plus potaches et faire tourner les siens en bourrique à coups de plaisanteries.

Artisans charcutiers, Paul Begein et sa femme Marie-Josèphe travaillent dur, Noël et jours fériés inclus. Le dimanche, à la sortie de la messe, le petit Bruno va aider sa grand-mère à la boutique. Installé derrière le comptoir, il rend la monnaie aux clients et hérite parfois en récompense d'une pièce de cinq francs.

L'établissement, ouvert en 1936, existe toujours. Mais ce que « le p'tit Bruno » aime par-dessus tout, c'est aller tuer le cochon avec son grand-père. Ensemble, ils vont de ferme en ferme à bord d'une 2 CV Fourgonnette. « *J'adorais ça. C'était le temps où, dans chaque ferme, on élevait des cochons. On les tuait et on les cuisinait. Je serais encore capable de tuer un cochon !* » Et Bruno Retailleau de mimer devant nous la mise à mort de l'animal, à grand renfort de moulinets de bras. Âmes sensibles s'abstenir. « *Un coup de masse, un coup de maillet pour l'assommer. Ensuite, on le saignait à la gorge. On récoltait dans une grande gamelle noire le sang, que mon grand-père brassait à la main pour qu'il ne coagule pas, parce qu'on en faisait ensuite les boudins, la fressure*[3]*. Puis on grillait le cochon, souvent en mettant le feu à la paille, pour brûler le poil et, avec un couteau recourbé, on grattait la peau pour enlever le poil. Enfin, on allait chercher une échelle, qu'on posait sur la grange ou l'écurie et on attachait l'animal par les pattes arrière, avec la tête qui pendait et on le coupait en deux pour le détailler.* »

Tout débordant de gaieté qu'il soit, son grand-père maternel n'a pas oublié, lui non plus, les ravages de la guerre. En 1939-1945, il a été fait prisonnier. Inspiré par ces deux ancêtres qui ont servi la patrie et par son père qui a fait vingt-huit mois en Algérie, le jeune Bruno Retailleau se destine à la préfectorale. Il veut aider, être utile, prendre sa place dans la chaîne des

3. Mets vendéen et poitevin composé à partir de têtes, de viscères et de sang de cochon hachés.

générations. « *J'ai cette filiation avec ce qui m'a précédé. J'arrive dans un monde que je dois perpétuer et améliorer. Cette idée de la redevabilité, de la gratitude, je l'ai très tôt. Très vite s'impose à moi l'idée, non pas que je dois rendre des comptes, mais que je suis redevable* », dépeint-il. « *Je revois les préfets venir dans les inaugurations à Saint-Malô. J'entends encore mon grand-père me raconter qu'il avait, pendant la guerre, avec le préfet, fait le ravitaillement en pommes de terre. Préfet, ça me paraissait, pour la France, pour la République, une façon de servir.* »

⋆

Ainsi va la vie, au rythme des saisons. D'un tempérament réservé mais très sportif, le jeune Bruno est épris de nature. Chaque matin, il se réveille aux aurores. Il n'a guère le choix. Dès 6 heures, son père se lève, branche son rasoir électrique et, pour couvrir le vrombissement de l'appareil, monte à tue-tête le volume de son poste de radio, invariablement réglé sur Europe 1. La cloison de la salle de bains est si fine que les enfants sont réveillés et bercés par les informations. Bruno Retailleau est resté fidèle depuis à l'antenne d'Europe 1. « *Y compris quand la station a importé une partie de la rédaction de France Inter !* » blague celui qui est devenu un habitué des studios du groupe Bolloré. À peine éveillé, l'aîné de la famille fonce admirer le soleil levant, écouter le chant des oiseaux, regarder la brume se lever sur les prés, humer l'odeur si particulière de la terre à cette heure du jour.

« Je me couchais parfois tout habillé pour être tout de suite levé et j'allais observer le spectacle des petits matins. Je prenais mon vélo et j'allais à La Coussaie, où j'habite aujourd'hui. J'étais foudingue de nature. » Une enfance bénie, comme une image d'Épinal, dont il ne narre que les heureux côtés.

Avec les mômes de son âge, il fait du basket, seul sport collectif organisé dans la bourgade, du tir à l'arc, du kayak. Et il excelle à vélo. Et pour cause : ses parents ont toujours refusé de lui acheter une mobylette et il doit pédaler ferme pour suivre ses copains qui sont, eux, motorisés. Entouré d'animaux, il élève quelques oiseaux et nourrit au biberon les agneaux orphelins de leur mère, qui le suivent comme des petits chiens.

« Je suis un représentant de la civilisation rurale, qui s'est longtemps préservée contre l'artificialisation du monde. Je voyais le spectacle des saisons, que j'aimais, passer devant mes yeux. C'est un rapport au temps long, au temps lent. La civilisation rurale ne sépare pas le passé, le présent et l'avenir, tout est lié. Aujourd'hui, comme dirait Nietzsche[4]*, on est attachés "au piquet de l'instant". Ça m'a appris la profondeur, celle qu'on a derrière soi avec le passé, la mémoire* », achève cet homme souvent accusé de vivre confit dans le formol et la nostalgie d'une époque révolue, dans une image sublimée de la France des Trente Glorieuses, voire des guerres de Vendée.

4. Dans *Considérations inactuelles*, paru en 1873-1876, le philosophe allemand Friedrich Nietzsche file la métaphore de la vache, bienheureuse et sans conscience du temps qui passe.

« Bruno restera comme le Chateaubriand de la politique[5]*, le représentant d'un monde englouti. Il n'y a pas chez lui d'ouverture au monde. Il revient toujours à la grotte, il rentre toujours dans sa ferme. Il n'est pas enraciné, il est rance. La Vendée, ce n'est pas la France, comment voulez-vous qu'il comprenne le pays ? »* griffe l'un de ses détracteurs à droite, prompt à voir en lui un idéologue réactionnaire recroquevillé sur une vision fantasmée.

La Vendée a longtemps été une terre fermement ancrée à droite, en conflit ouvert avec la République, la « Gueuse ». Jusqu'à la Grande Guerre de 1914-1918, le département est même dominé par des élus monarchistes revendiqués, au point que sept des neuf parlementaires vendéens votent en 1940 les pleins pouvoirs au maréchal Pétain. La 4e circonscription dans laquelle le futur ministre vit et dont il a été l'élu est réputée, en particulier, pour être l'une des plus radicales. Jusqu'en 1962, son député n'est autre qu'Antoine Guitton, ancien soutien du gouvernement de Vichy. Le gaullisme va mettre du temps à s'y frayer un chemin.

Mais, toute conservatrice qu'elle soit, la Vendée des années 1970 et 1980, dans laquelle la famille Retailleau prospère, est aussi imbibée par la démocratie chrétienne et le catholicisme social. À compter de 1962, les électeurs de la 4e circonscription opèrent une bascule

5. Le père du romantisme français, royaliste et contre-révolutionnaire, devenu ministre sous la Restauration, cultivait dans ses romans la nostalgie de la société de l'Ancien Régime.

gaulliste en votant pour un député UNR (Union pour la nouvelle République), Vincent Ansquer, durant un quart de siècle sans discontinuer et avec des scores ébouriffants, jusqu'à sa mort prématurée en 1987[6]. Baron du gaullisme vendéen, Vincent Ansquer fut ministre de Jacques Chirac et de Raymond Barre et premier président de la région des Pays de la Loire. C'est à lui que succédera Philippe de Villiers à l'Assemblée, dans un mouvement de machine arrière idéologique. Encore loin de ces considérations, le jeune Bruno se prend d'une vive passion pour l'équitation, grâce aux sociétés hippiques rurales qui permettent alors aux enfants d'agriculteurs d'apprendre à monter. C'est ainsi qu'il fait la rencontre qui va bouleverser le cours tranquille de sa vie.

---

6. In *Gaullistes dans l'Ouest atlantique dans les élections législatives de 1958 à 1981*, sous la direction de Laurent Jalabert, Presses universitaires de Rennes. Signalons en particulier le chapitre rédigé par le professeur agrégé d'histoire Yves Hello, « Le gaullisme en Vendée : une greffe difficile (1958-1981) ».

2

L'autre père

Qu'elles semblent touchantes, ces retrouvailles, couchées sur le papier glacé. Nul ne les espérait plus en Vendée. Il est pourtant permis de douter de leur sincérité. En ce jour de départ de la dixième édition du Vendée Globe, le 10 novembre 2024, le fraîchement nommé ministre de l'Intérieur Bruno Retailleau, en tenue décontractée, jean et baskets aux pieds, arpente d'un pas vif, la mine stressée, les pontons du port des Sables-d'Olonne que 40 skippers chevronnés s'apprêtent à quitter pour un périple en solitaire de 45 000 kilomètres, des quarantièmes rugissants aux mers du Sud. Soudain, sa route croise celle de Philippe de Villiers, en parka rouge vif de la compétition, comme un phare dans la foule.

Quinze ans que ces deux hommes, qui se sont aimés comme un père et un fils, feignent de s'ignorer dans les cérémonies locales où ils viennent immanquablement à se croiser : ils ne vivent qu'à 10 kilomètres l'un de l'autre et il ne faut que sept petites minutes depuis Saint-Malô pour rallier la commune des Épesses qui abrite le parc à thème du Puy du Fou. Quinze ans que leurs bouches à tous deux se tordent dans un rictus douloureux à l'évocation de leur rupture si brutale de 2010, marqués au fer rouge et avares de mots sur ce traumatisme qui les a menés au bord du précipice. Jamais le bocage ne s'est vraiment remis de ce nouvel épisode des guerres de Vendée, qui vit l'excommunication de l'un et le parricide de l'autre.

Ce 10 novembre, donc, apercevant la grande carcasse de son ancien mentor, Bruno Retailleau se contente de lui tapoter poliment le bras, conservant une distance prudente. Il ne connaît que trop la propension reptilienne de son ancien guide à enlacer, quitte à parfois étouffer. C'est compter sans l'immense boule d'affect qu'il a en face de lui. Éminemment tactile et démonstratif, Philippe de Villiers le happe littéralement, l'attirant contre lui pour caler sa tête contre son épaule, dans un geste aussi tendre que potentiellement dominateur. Pour le plus grand bonheur des photographes et caméras, convoqués pas tout à fait par hasard.

On songe, à les voir ainsi enlacés, à la parabole du retour du fils prodigue où le père miséricordieux étreint son enfant trop longtemps perdu en signe de pardon. « *Je l'ai félicité pour ce qu'il fait. Il fait ce qu'il doit faire et il le fait bien. Bruno a trouvé son cap* », s'enflamme le « Vicomte », paternaliste, comme on parlerait d'un rejeton qui peinait à trouver sa voie. Fuyant les regards indiscrets, les deux anciens complices se réfugient sous la tente VIP réservée aux skippers et échangent de longues minutes, délaissant, tout à leurs retrouvailles, un autre convive de prestige, le prince Albert de Monaco. De leur mésentente passée, il n'est point question. Le passé est le passé, à quoi bon le remuer ?

Ensemble, ils se remémorent leurs souvenirs du premier Vendée Globe en 1990, quand le monocoque de Titouan Lamazou franchit la ligne d'arrivée après cent neuf jours. « *J'ai dit à Bruno : "Tu te rends compte du parcours que nous avons accompli en cinquante ans ?" Et il m'a répondu : "Non, je t'arrête, le parcours que tu as accompli ! Je te dois tout, Philippe"*[1] », livre Villiers après coup à quelques élus de confiance. « *Bruno n'aurait jamais dit une chose pareille !* » vitupère un proche. Qui dit vrai ?

C'est Alain Lebœuf, patron (Les Républicains) du département de Vendée, qui a joué les entremetteurs pour crever l'abcès et leur permettre de se croiser plus facilement, sans risquer l'incident. « *J'ai tout fait pour. Je suis le successeur de Bruno Rctailleau et Philippe de Villiers et je sais que les Vendéens aiment profondément les deux hommes, pas pour les mêmes raisons*[2]. »

Quelques mois plus tôt, début 2023, les ennemis jurés avaient eu un premier échange fugace en

1. Sollicité à plusieurs reprises pour cet ouvrage, Philippe de Villiers n'a pas souhaité donner suite.

2. Entretien avec l'auteure, 20 janvier 2025.

marge d'un match de football aux Herbiers. En apparence, tout s'était bien passé. Bruno Retailleau n'en avait pas moins confié à ses proches, dans la foulée, le désagréable frisson qui avait couru son échine à la simple présence de Villiers à ses côtés. Sa promotion à Beauvau a tout changé, rendant urgente une paix des braves. Imagine-t-on le ministre de l'Intérieur se chicaner en public avec son meilleur ennemi et offrir en pâture aux médias, à chaque rencontre sur leurs terres, la chronique de leur détestation ? Songe-t-on à l'effet délétère d'un Philippe de Villiers multipliant les saillies au vitriol contre le « premier flic de France » depuis les studios de CNews ou d'Europe 1 où il tient chaire ? Il fallait sans plus attendre orchestrer une réconciliation, fût-elle arrangée.

D'autant que le temps a fait son œuvre. Les anciens partenaires n'ont plus rien à se prouver. Chroniqueur à succès, Villiers est devenu, pour la droite identitaire et populiste, un prophète. Quant au « p'tit Bruno de Saint-Malô », comme il le surnommait, il est parvenu à un poste réputé dont Villiers n'aurait osé rêver. *« Devenir ministre de l'Intérieur, c'est une revanche pour Bruno. Ils sont au même niveau désormais, ils sont quittes. L'élève a dépassé le maître, même si Villiers cartonne avec ses émissions et ses best-sellers »*, dissèque un élu du cru, qui a réussi le tour de force de rester en bons termes avec les deux. Si bien que les anciens rivaux ont accepté l'idée de ces retrouvailles organisées, chacun y trouvant son compte. *« La nature m'a préservé de l'amertume et du ressentiment. Je tiens ça de ma mère, j'essaie de voir le bon côté des choses*[3] », explique Bruno Retailleau, sans davantage s'épancher.

Et pour cause : les coulisses de cette rencontre Potemkine sont autrement plus fraîches. Le ministre s'est, à tort ou à raison, senti piégé. « *Ça ne devait pas se passer comme ça* », confie-t-il aussitôt après, marri, à son entourage. « *Il s'est fait avoir ! Villiers l'a étreint de force* », peste un vieil ami, convaincu, à tort ou à raison, que le fondateur du Puy du Fou avait mijoté son coup. « *Les images sont plus fortes que la réalité, comme souvent avec Villiers. Ils se sont croisés de façon un peu organisée et Philippe, qui est toujours dans l'excès, l'a pris dans ses bras au lieu de lui dire simplement : "Bonjour Bruno". Ils ont pris un café dix minutes et ça s'est arrêté là, voilà. Ils ne sont pas partis en bateau ensemble après !* » évacue, clinique, un lieutenant du ministre, pressé de passer à autre chose.

Car la scène en a exaspéré plus d'un dans le cercle amical de Retailleau, où tous se souviennent de son triste état après cette rupture cataclysmique. Plusieurs ne se sont pas privés de lui faire part de leur colère face à cette initiative. « *On connaît Villiers, on savait exactement comment ça allait se passer ! Ces images sont catastrophiques* », fulmine l'un, qui se demande si le ministre n'a pas conservé en son for intérieur, sans oser l'avouer, une forme d'admiration pour son ancien patron. À gauche de l'échiquier, on rit sous cape. « *Bruno s'est fait avoir par Villiers comme un petit garçon.*

3. Entretien avec l'autcure, 2 janvier 2025.

Il se ferait piéger de la même façon demain par Trump et Poutine ! » grince un élu socialiste des Pays de la Loire.

Les jours suivants, Bruno Retailleau rétropédale. Les images qui tournent en boucle sur les chaînes info ne sont pas à son avantage. Infantilisantes, elles le placent en position, physique, de sujétion. Elles pourraient même lui porter préjudice si d'aucuns y voyaient un rapprochement politique. Villiers sent toujours le soufre et leur compagnonnage passé ne lui a déjà que trop coûté. Invité sur BFM TV, il calme vite le jeu. « *Ça n'emporte pas de conséquence politique, c'est un jardin personnel* », minimise-t-il.

Retailleau, qui donne déjà des ulcères à la gauche et à la macronie avec ses positions conservatrices, se sait surveillé. Pas question de donner le sentiment qu'il reviendrait à ses premières amours, le Mouvement pour la France, parti classé à la droite dure, extrême, de l'échiquier politique. Et, s'il n'est pas rancunier, il n'a pas oublié ce qu'il a subi à l'époque, quand ce divorce à ciel ouvert fit germer chez lui de sombres pensées. « *Bruno a été au fond du trou pendant tout un temps. Il a dû puiser dans son tempérament vendéen et sa foi catholique pour se relever. C'était d'autant plus douloureux qu'il y avait de l'affectif. Ils avaient une relation filiale, une complicité intellectuelle. Philippe lui avait toujours dit qu'il serait son successeur. Leurs familles aussi étaient très liées et passaient leurs vacances ensemble à l'île d'Yeu* », se souvient un proche des deux. Pas question de pardonner si facilement, donc. De fait, nulle rencontre privée ni coup de fil ne suivront ce rapprochement. Un fidèle du ministre achève, pour solde de tout compte : « *Il n'y aura pas de suite.* »

Heurté par cette prise de distance et par les commentaires acides de la garde rapprochée de son ancien protégé, Philippe de Villiers se le tiendra pour dit. « *C'est moche de faire ça*, maugrée l'un de ses disciples. *En politique, ce sont les entourages qui foutent la merde !* » Un ténor de droite achève, chirurgical : « *Cette réconciliation est une fable. Villiers ne veut pas gêner l'action du gouvernement ou qu'on dise qu'il est animé par la haine de Retailleau, mais il en pense toujours beaucoup de mal. Rien n'a changé. Ce n'est pas le retour du fils prodigue. Il tuera Bruno dès qu'il le pourra.* »

★

C'est en août 1978 que Retailleau rencontre celui qui va devenir son père spirituel. Nommé sous-préfet à la sortie de l'ENA, Philippe de Villiers vient de faire sortir de terre un projet à la hauteur de sa soif de grandeur, au lieu-dit Le Puy du Fou : un show nocturne, la Cinéscénie, retraçant sept siècles d'histoire romancée de sa terre natale, meurtrie par la Convention révolutionnaire, du Moyen Âge à la Seconde Guerre mondiale. Cette grande fresque, qui a pour décor le plan d'eau bordant le château en ruines des Épesses, incendié en 1794 par une « colonne infernale », n'accueille encore que quelques centaines de bénévoles – ils sont plus de 4 000 aujourd'hui – avec costumes d'époque, feux d'artifice et effets spéciaux.

« *Un jour, mon père me dit : "Un jeune énarque veut monter un son et lumière sur les guerres de Vendée. Il cherche des cavaliers"* », retrace le ministre. En classe de terminale chez les frères de Saint-Gabriel, établissement privé catholique de Saint-Laurent-sur-Sèvre qui forme l'élite vendéenne, le lycéen Retailleau s'inscrit comme bénévole, comme nombre de gamins des environs. Il a un cheval, baptisé Foldamour, et du talent pour l'équitation et le dressage. Un soir de représentation de l'été 1978, il entreprend Villiers, de douze ans son aîné. C'est le début d'une folle aventure qui va consumer ses week-ends, jour et nuit. « *Le Puy du Fou m'emballe, c'est notre histoire. Je passe mon bac, j'ai 17 ans et mes seules permissions de minuit, c'est pour m'y rendre. On terminait les répétitions tard le soir, parfois tôt le matin* », sourit-il. Grisés, les jeunes bénévoles ne ferment parfois les yeux qu'une poignée d'heures, peaufinant le moindre détail des représentations, où chacun campe un personnage. Bruno Retailleau, déjà, se distingue par son sérieux et par une grande force de travail. La députée de Vendée Véronique Besse[4], de trois ans sa cadette, engagée comme lui au sein du parc, l'a rencontré adolescent. « *On a connu ensemble les débuts du Puy du Fou, on a cette complicité. Bruno montait à cheval, il était très rigoureux, sérieux. C'était le grand frère !* »

4. Proche de Philippe de Villiers, elle siège parmi les députés non inscrits à l'Assemblée.

Si le bénévole Retailleau se donne tant de mal, c'est qu'il tient une place de choix dans une séquence fameuse du show équestre : les « chevaliers de la quintaine ». Lancés au grand galop sur leurs destriers caparaçonnés de parures chatoyantes, les cavaliers doivent mettre à terre avec une lance un mannequin représentant un ennemi, sans chuter de leur monture. Pas dressés pour le spectacle, leurs chevaux s'emballent régulièrement, paniqués par les projecteurs et la sono. « *On a tous été blessés plusieurs fois*, s'esclaffe-t-il, précisant y avoir notamment laissé une clavicule à force de cascades. *Rien ne me faisait peur. On me donnait en général le cheval le plus compliqué pour faire la quintaine. Donc oui, j'ai fait quelques séjours à l'hôpital.* » De cette époque ne demeurent pourtant aucune trace, nul cliché, si ce n'est une photo de 2002 exhumée des entrailles d'Internet où Bruno Retailleau, en tenue de brigand, foulard bleu noué sur le crâne, apparaît bras dessus, bras dessous, radieux, avec Philippe de Villiers et Jean-Marie Delahaye, ancien président de l'association du Puy du Fou. Tout autre témoignage de ses trente-deux années données au parc, dont un quart de siècle comme metteur en scène de la Cinéscénie, a été effacé, « *comme aux pires heures des procès staliniens* » accusent ses proches.

Pour l'heure, en cette fin des années 1970, le jeune homme se jette à corps perdu dans cette aventure qu'il partage avec sa bande d'amis. Bruno Retailleau, qui avoue avoir peu travaillé pour décrocher son bac, « *avec mention passable* », est l'un des premiers à obtenir le permis de conduire. Ce ne fut pas une mince affaire, pourtant. « *J'ai eu le code dès la première fois, mais la conduite c'était terrible... Il a fallu s'y reprendre à quatre reprises* », confesse-t-il. Le précieux sésame en poche, il convoie ses copains à bord de sa vieille Audi vert pomme. « *Dans sa voiture, on écoutait Véronique Sanson à la radio. C'était le même qu'aujourd'hui, il ne dansait pas sur les tables ! Il avait un côté premier de la classe. Bruno, c'est quelqu'un qui ne boit pas et qui mange à peine. Il a fait sa crise d'adolescence au Puy du Fou !* » moque l'un de ses anciens compagnons.

C'est à cette époque qu'il fait la connaissance d'Isabelle Bobet, comme lui puyfolaise[5], qui deviendra sa femme. « *J'y passais tous les week-ends, donc ce ne pouvait être qu'au Puy du Fou que je rencontre l'âme sœur* », souffle-t-il, d'une pudeur absolue sur cette union fusionnelle.

Un épisode de sa jeunesse dit tout de son tempérament, alliage atypique de sérieux confinant à l'austérité et d'espièglerie pouvant le conduire à participer aux pires farces, du moment qu'il n'en était pas l'instigateur. Jamais le premier dans les pitreries, mais il les suit bien volontiers.

Il a longtemps été de tradition dans l'Ouest que les conscrits, comme on appelait les jeunes hommes d'une même classe d'âge entre 18 et 20 ans, se lancent trois jours durant dans une virée sur les chemins de

5. Surnom des bénévoles du parc à thème historique.

campagne, quand venait l'heure du service militaire. Comme un rite de passage à l'âge adulte. Équipés d'un étrange attirail – un bâton, une corne de chasse et une bourse –, ils frappaient aux portes des maisons des filles de la commune pour quémander un repas, idéalement une poule au pot, un peu d'argent ou des œufs. Bref, « courir les poules » selon l'expression consacrée, dont chacun comprendra le double sens. Une joyeuse occasion de faire la fête, en vérité, à grand renfort de boisson. À Saint-Malô, ils sont 6 garçons et 14 filles de la même génération que le jeune Bruno. *« C'était terrible parce qu'on allait de village en village, à pied avec des bâtons, et on buvait beaucoup. À chaque verre d'apéritif ou de vin, on faisait une coche. Le premier soir, un de mes camarades avait 75 coches ! On couchait dans les granges »*, relate-t-il, hilare.

Le conscrit Retailleau, qui ne boit pas ou peu, a développé une astuce pour ne pas finir raide mort, en coma éthylique avancé, durant ces interminables séances de beuverie. *« Je m'en suis tiré par deux subterfuges : quand la cave était en terre battue, je versais discrètement le verre sur mon bâton et le liquide s'écoulait jusqu'au sol. À l'époque, j'adorais la musique, le piano, la trompette et le clairon. Et lorsque le sol était imperméabilisé avec du carrelage, je versais mon verre dans le clairon ! Je donnais le change de cette façon. Dans une journée, je pouvais boire une dizaine de verres ou une partie, mais ça m'a permis de tenir le choc. »*

Après avoir obtenu un sursis pour achever sa maîtrise de sciences économiques à Nantes, il est mobilisé à l'École militaire d'application de l'arme blindée à Saumur, au sein de l'école de cavalerie, comme élève officier de réserve puis aspirant. De grands noms ont fait, comme lui, leurs classes dans cet établissement de renom, dont l'ancien Premier ministre Lionel Jospin, l'ancien président d'Axa et filloniste Henri de Castries, le père de la Constitution de 1958 Michel Debré ou le maréchal Jean de Lattre de Tassigny, héros de la Libération et modèle du futur ministre de l'Intérieur dont le portrait trône dans son bureau. Jacques Chirac aussi a officié à l'école de Saumur dans les années 1950, conservant de son passage dans la capitale française de l'équitation l'habitude de ce toast graveleux : *« À nos femmes, à nos chevaux et à ceux qui les montent ! »*

Déjà très investi au sein du parc à thème, Retailleau rentre chaque week-end de permission et fait la route avec un jeune capitaine, qui se hissera jusqu'au rang de chef d'état-major des armées : Pierre de Villiers[6]. *« L'anecdote, dont mes parents s'amusaient beaucoup, c'est qu'il passait me prendre à 9 heures. Et, avant que la cloche de l'église de Saint-Malô sonne, il appuyait avec son index sur le bouton de la sonnette. »* Pour l'élève officier Retailleau, le service militaire est une révélation. Féru de sport, d'un physique de jockey sec mais athlétique,

6. Chef d'état-major des armées jusqu'en 2017, le frère cadet de Philippe de Villiers démissionne après un vif désaccord sur le budget des armées. Emmanuel Macron l'avait tancé d'une tirade malheureuse, restée dans les annales : *« Je suis votre chef. »*

il adore crapahuter et se classe vite parmi les plus rapides au parcours du combattant. Il découvre avec délice la discipline militaire, le commandement des hommes, croise la route de jeunes gens venus de tous horizons, lui qui a peu voyagé hors de son village. Ce n'est pas un hasard si, devenu député du Mouvement pour la France quelques années plus tard, il s'opposera frontalement à la suppression de la conscription voulue par Jacques Chirac. Tout juste nommé place Beauvau, Bruno Retailleau se distinguera d'ailleurs en vantant les mérites de *« l'encadrement militaire »* pour remettre les jeunes délinquants dans le droit chemin.

★

Pour réaliser son rêve de devenir préfet, il s'oriente logiquement vers l'École nationale d'administration[7]. Après des années à papillonner sur les bancs scolaires, il a pris goût aux études, caressant un temps l'idée de suivre un doctorat d'économie. *« Je me destinais à l'ENA, bien sûr. Je n'ai pas été un bon élève car je travaillais peu, mais plus ça allait plus les études m'ont passionné »*, dit-il. Un enseignant, Denys Baguenard, premier laïc à diriger le collège-lycée Saint-Gabriel, lui a donné le goût de la littérature et de la philosophie, une méthode de travail et une curiosité d'esprit. *« J'ai eu la chance d'avoir des professeurs qui sortaient d'une époque où*

7. L'ENA a été remplacée en 2022 par l'INSP (Institut national du service public).

le savoir était sacré. Ils avaient à la fois une autorité naturelle et un profond respect pour les enfants qui leur étaient confiés. C'étaient des maîtres[8] », vante-t-il.

Après avoir décroché son diplôme à Sciences Po Paris, section service public, la voie semble tracée vers la grande école de la haute fonction publique. C'est compter sans le rôle crucial que va jouer Philippe de Villiers. Loin de l'encourager à suivre son exemple en devenant énarque, il le dissuade. *« Il lui a expliqué que les préfets avaient perdu de leur superbe avec la réforme de la décentralisation et étaient devenus les commissaires de la République »*, se souvient un proche. Retailleau se laisse convaincre et renonce à l'ENA, au grand dam de ses parents qui n'osent lui en faire grief. Villiers prend même soin d'apaiser Annie et Michel Retailleau : *« Votre fils n'a pas besoin de faire l'ENA : à quoi cela lui servirait-il ? À rien ! Qu'il vienne plutôt travailler avec moi au Puy du Fou*[9] *! » « Ils ne me l'ont jamais reproché, y compris mon père. J'ai compris plus tard que ça lui avait fait de la peine »*, convient le ministre avec le recul. Le temps l'a vengé : par un pied de nez de l'Histoire, il est devenu, au ministère de l'Intérieur, le grand patron des préfets de France.

8. La congrégation des Frères de Saint-Gabriel a reconnu des actes de violences et de pédophilie dans plusieurs établissements sous sa responsabilité dans l'Ouest de la France dans les années 1950 à 1970. Dans le contexte de l'affaire Bétharram, Bruno Retailleau dit n'avoir jamais eu connaissance de faits délictueux au collège-lycée Saint-Gabriel de Saint-Laurent-sur-Sèvre, où il était scolarisé.

9. Dans le très documenté *Puy du Fou, la grande trahison* (Max Milo, 2019), Christine Chamard, ancienne puyfolaise et journaliste à *Valeurs actuelles*, décrit par le menu le divorce Retailleau-Villiers.

Il est permis de se demander si son ancien maître à penser était si bien intentionné. « *Philippe ne voulait pas qu'il y ait deux énarques au Puy du Fou. Il ne supportait pas de voir Bruno marcher sur ses traces* », tancent ses adversaires. Rien ne permet toutefois de l'affirmer. Mais il est vrai que le patron du MPF a tôt fait d'identifier en Retailleau un bourreau de travail sur lequel il va pouvoir se reposer pour gérer le Puy du Fou et ses nombreuses ramifications.

Happé par ses responsabilités politiques nationales, davantage captivé par les épopées électorales que par l'administration quotidienne du parc, il cherche en effet quelqu'un de confiance. Et va faire du jeune homme son grand chambellan. « *Son métayer* », piquent ses nombreux ennemis. En lieu et place de l'ENA, il lui propose de diriger avec son frère la radio qu'il a créée en 1981 en profitant de la libéralisation de la bande FM, voulue par François Mitterrand : Alouette FM[10]. À la tête de la radio, Bertrand de Villiers, par ailleurs instructeur à l'école de Saumur, fait régner une rigueur toute militaire et s'occupe personnellement de l'émission religieuse du dimanche.

Ainsi Philippe de Villiers bâtit-il progressivement avec le Puy du Fou un écosystème, sorte de phalanstère identitaire comprenant une radio, un journal

10. La station tient son nom du point culminant des Herbiers, le mont des Alouettes. Toujours pilotée par Bertrand de Villiers, Alouette, son nom désormais, se veut la première radio régionale.

interne, un centre de communication, une école primaire, et plus tard un collège baptisé « la Puy du Fou Académie » avec uniforme bleu marine et cours de danse et de théâtre pour former les prochaines générations d'acteurs bénévoles.

À compter de 1987, Bruno Retailleau se voit en sus confier les rênes de l'école de communication fondée par Villiers, Sciences Com. Ce qui explique qu'il soit rompu au *media training*. Face à une caméra, il sait d'emblée comment se positionner, veille au décor en arrière-plan, articule distinctement, se soucie de la qualité du son. Un « produit » parfait pour les plateaux et studios. Un atout lorsqu'on aspire à devenir une personnalité politique de premier plan.

Pour son premier journal télévisé de 20 heures sur TF1 dans ses nouveaux habits de « premier flic de France », en septembre 2024, il ne semble pas même avoir le trac, malgré les quelque 6 millions de téléspectateurs. *« Dans ses fonctions de ministre, il a peut-être retrouvé d'anciens élèves de Sciences Com parmi les journalistes qui le suivent !*[11] » relève Jean Amyot d'Inville. Ce descendant d'une longue lignée militaire, qui a aidé Villiers à fonder Sciences Com, se souvient d'avoir organisé des déplacements à Paris pour rencontrer les magnats de la presse avec des chargés de communication, parmi lesquels un certain Bruno Retailleau, qu'il connaît depuis plus de trente-cinq ans. Le futur

11. Entretien avec l'auteure, septembre 2024.

ministre en gardera une curiosité marquée pour la vie des médias.

En 1987, toujours, Philippe de Villiers fait à son jeune protégé une proposition inespérée : devenir, en plus de ses autres fonctions, le metteur en scène attitré de la Cinéscénie. Le Graal. À titre bénévole, là encore, le parc reposant sur un modèle associatif et non lucratif. Devenu chef d'orchestre du grand show équestre, Bruno Retailleau se donne corps et âme, épousant la vision nostalgique d'un âge d'or de l'Ouest monarchiste. Dans une rare vidéo sur le site de l'INA[12], le jeune responsable de la Cinéscénie s'agace qu'un journaliste lui demande s'il promeut l'image d'une *« Vendée crispée dans la République »* : *« Ce n'est pas du tout ça ! Vous avez pris dix minutes du spectacle qui fait presque deux heures. »* À ce nouveau poste, il apprend à maîtriser les techniques de la scène, sur l'eau comme dans les airs, de la pyrotechnie à la sonorisation. Il tourne même des clips, dont l'un avec le chanteur Didier Barbelivien installé devant le château du Puy du Fou derrière un piano demi-queue laqué blanc, posé sur l'eau. Le piano de Bruno Retailleau, qui trône toujours dans son salon à La Grande Coussaie.

Le voici donc au sommet de la pyramide villiériste. *« Bruno était quelqu'un de réservé, discret, dans l'ombre de Villiers*, explique son grand copain Philippe Maindron,

12. Dans l'émission « Cap à l'Ouest » sur France 3 Régions, 13 juin 1987.

organisateur de manifestations loufoques et fondateur du festival musical de Poupet à Saint-Malô. *C'était un très gros bosseur, pas quelqu'un qui se faisait remarquer. Il n'est pas arrivé là par hasard. Villiers l'a aidé en lui offrant des responsabilités et Bruno a donné le meilleur de lui-même. Il ne l'a pas volé !* »

En tant que metteur en scène, Retailleau se frotte aussi au management de milliers de bénévoles. Autant de compétences particulières, peu fréquentes chez un élu, dont il va se servir ensuite dans ses fonctions politiques, comme si cette expérience avait été un centre de formation hors-norme. « *Bruno est un objet politique non identifié. Il est, pour ainsi dire, né dans un cirque ! Ça lui donne une originalité* », taquine un responsable des Républicains.

De ces années puyfolaises, le ministre ne renie rien, concédant qu'elles ont marqué sa construction personnelle. « *Incontestablement*, livre-t-il. *L'aventure du Puy du Fou a été extraordinaire. Je ne regrette rien, j'en suis très fier, et je n'en veux certainement pas à Philippe de Villiers car ce qu'il m'a permis de vivre, peu le vivent : la mise en scène, manager des milliers de bénévoles, trouver des idées, maîtriser les lasers et les techniques du spectacle. Je suis devenu un maniaque du son ! C'était une si belle aventure...* »

Aux commandes du MPF, Villiers parachève son œuvre en 1988 en lui mettant le pied à l'étrier politique. À 27 ans, son très prometteur collaborateur fait ses premiers pas électoraux comme conseiller général du canton de Mortagne-sur-Sèvre en Vendée, puis devient vice-président du département, dont Villiers a pris la tête. Assumant toujours plus de responsabilités, Bruno Retailleau tient la boutique. On le surnomme « le président *bis* ». « *Il n'y avait pas une feuille de papier à cigarette entre ce que disaient Villiers et Retailleau. C'était son fils spirituel* », relate Pierre Regnault, ancien maire PS de La Roche-sur-Yon qui fut conseiller général de Vendée. À Villiers les paillettes et les idées de génie, à son bras droit le travail de l'ombre. « *Villiers transformait tout en or sur le terrain médiatique et Bruno faisait le boulot derrière, comme un stakhanoviste ! Il allait au bout des dossiers, ce qui lui a permis de nouer des contacts privilégiés avec les élus et les chefs d'entreprise. Il n'a jamais dessiné de plan de carrière, c'est la carrière qui s'est imposée à lui. Parce qu'il est très travailleur, on se tourne naturellement vers lui. Il a été élu conseiller départemental parce qu'il a été pris dans le mouvement avec Villiers et le Puy du Fou, c'est tout* », décrypte un témoin de l'époque, qui l'a vu émerger de sa chrysalide. Pour le meilleur et, bientôt, pour le pire.

Au mitan des années 1990, la mécanique se grippe. Les tensions s'accumulent et chez le jeune homme les premiers doutes jaillissent sur ce père spirituel qui vire toujours plus à droite et s'échine à vouloir garder le contrôle sur sa destinée. Élu au Parlement européen en 1994, Villiers lui cède son siège de député à l'Assemblée nationale en tant que suppléant, mais il semble peu goûter de le voir s'émanciper. Parfois, Retailleau doit même se charger de la basse besogne.

Ainsi de l'épisode de la triche à *Intervilles*. Le 2 juillet 1997, le Puy du Fou affronte la cité ligérienne d'Ancenis à l'épreuve de culture générale de l'émission culte, avec ses vachettes et tapis roulants enduits au savon noir. L'astuce, éventée par *Le Canard enchaîné*, est vieille comme le monde : l'animateur Jean-Pierre Foucault pose les questions, son comparse Olivier Chiabodo donne – fort peu discrètement – la bonne réponse avec ses doigts glissés sur sa cuisse, et Bruno Retailleau n'a plus qu'à la souffler à Jean-Marie Delahaye, président de l'association du parc à thème. Les images tournées alors ne laissent guère de place au doute. Le désormais ministre, chargé de faire respecter la loi et l'ordre et de défendre « *la France des honnêtes gens* », sourit aujourd'hui de cette truanderie, mais se garde de trop s'étendre. Invité sur France Inter en octobre 2017, l'ancien sénateur avait franchement éclaté de rire lors de la chronique hilarante de l'humoriste Charline Vanhoenacker revenant sur cette fameuse affaire, sans jamais démentir. Lorsqu'il est gêné, cet homme sait habilement se réfugier dans le silence. Après tout, ce n'était qu'un jeu.

À l'époque, ses amis s'inquiètent de le voir tout entier absorbé dans l'écosystème Villiers. « *On lui disait : "Arrête de porter les valises de cette famille !" Villiers, c'est "les aristos d'abord et la retaille*[13] *derrière" ! Si vous n'êtes pas à 100 % avec lui, vous êtes contre lui !* »

---

13. Morceau que l'on découpe dans une étoffe, un carton ou toute autre matière.

s'emporte l'un. Mais en quelques années, Philippe de Villiers a fait de ce jeune cavalier fougueux et timide de 17 ans son premier lieutenant, son grand vizir, régentant tous les pans de sa vie professionnelle et sociale. Sa chose, en somme. *« C'est ce qu'on appelle l'emprise »*, livre un acteur de ces années. Il n'est pas anodin que Bruno Retailleau parle lui-même, par lapsus ou non, de *« tutelle »*. Le réveil n'en sera que plus cruel quand cette bulle onirique va se déchirer.

3

L'intranquille

« Je suis honoré d'avoir été appelé cette nuit par Michel Barnier pour compléter (in extremis) son nouveau gouvernement au titre de ministre de la Connerie ! » poste le 22 septembre 2024 sur son profil Facebook un dénommé « Phifou85 », joignant à ce message drolatique un portrait de lui la mine altière, ceint d'une écharpe tricolore. *« Pas de bla-bla, des résultats. Mon programme est simple. Il est le vôtre. Aussi, j'attends avec impatience vos nombreuses revendications. Avant de vous quitter, permettez-moi cette citation de Serge Gainsbourg que j'aime beaucoup : "La connerie, c'est la décontraction de l'intelligence" ! Alors, décontractons-nous ! »* poursuit l'intrigant.

La veille, Bruno Retailleau a enfin accédé à son grand dessein : devenir ministre de l'Intérieur. Nul doute que la farce l'a fait sourire. Car « Phifou85 » est l'un de ses meilleurs amis, son voisin de quarante ans en Vendée, Philippe Maindron. Les amateurs de festivals foutraques connaissent bien ce drôle de zig, créateur du « Fonacon », Front d'opposition à la nouvelle année qui, bien sûr, échoue invariablement à empêcher le passage au Nouvel An, ou du championnat du monde de cheval à deux pattes, humaines s'entend, dont l'objectif est de singer diverses postures équestres. « *J'ai déjà eu Guillaume Canet !*[1] » se targue Maindron, capable de s'inviter au débotté chez les Retailleau. Dans la galaxie de l'ancien sénateur, en apparence si sage, le personnage détonne pour le moins. « *On est une petite bande d'amis proches de Saint-Malô, tous dans ses âges, qu'il apprécie parce qu'on ne se prend pas la tête. On a la chance de bien le connaître. On a déjà déboulé chez lui pour faire des fêtes à l'improviste. Quand il est comme ça, il est marrant. Il en a besoin, il est comme tout le monde. Ce n'est pas la fête du slip, c'est d'une grande simplicité, mais c'est un gars qui sait recevoir, prendre du temps, rigoler. On ne venait pas toutes les cinq minutes et, si on amenait des bouteilles, c'était pour les boire nous. Il ne fume pas et ne boit pas, comme ça c'est réglé, mais ça le fait marrer. On sait sentir les moments où il en a besoin. Et si on parle de politique, ce sera pour en rire.* »

Sans appartenance politique fixe, pas toujours d'accord avec son ami ministre et président des Républicains, Philippe Maindron est l'un des rares à pouvoir lui adresser un SMS à 23 heures pour lui soumettre une blague ou une suggestion. « *À 23 h 05, il me répond.* »

1. Entretien avec l'auteure, 26 novembre 2024.

On prendrait à tort Bruno Retailleau pour un homme policé, un notable de l'Ouest sans aspérités, sous ses airs de prélat aux fines lunettes cerclées. Enquêter sur cet homme, c'est être en permanence confronté à sa dualité. Si frêle et volcanique à la fois, réfléchi mais capable de coups de sang, empathique et soudain si froid, radical dans son propos et plus pondéré dans la pratique. D'une politesse onctueuse, il peut vite s'emporter sur une contrariété, au risque de se faire cassant. Une dureté qu'il s'impose à lui-même et dont les autres font parfois les frais. « *Il peut être très virulent, avec un côté roquet* », admet un proche. Derrière la mèche bien peignée, se cache un regard perçant et presque inquisiteur. Cet homme est un perpétuel inquiet, par nature insomniaque. Un faux calme, agité par une flamme, une tension intérieure. Si bien que les critiques à son endroit, bien qu'il s'en défende, lui sont vite douloureuses. « *Je suis peut-être trop sensible. En politique, ça peut être un défaut*, nous avouait-il un jour. *Mais j'ai un avantage : une mémoire qui me préserve, une machine fantastique qui efface tout ce qui me touche au mauvais sens du terme. Je ne vis pas dans l'amertume, je ne cuis pas dans mon jus.* »

Un passionné, aussi, qui cultive des goûts personnels qu'on ne lui suspecterait pas, capable de passer de l'adrénaline à la contemplation. « *Il a un côté punk, un peu dingo* », ose un stratège de droite qui l'a beaucoup côtoyé. Quelle personnalité politique peut se vanter de détenir la licence d'entrepreneur de spectacle et un diplôme de garde-barrière ? À l'époque du Puy du Fou, Bruno Retailleau avait passé un test au centre d'examen de la SNCF à Bordeaux pour pouvoir aller fermer lui-même, avec sa petite Fiesta diesel, les sept passages à niveau du parc à thème.

*

Il est un lieu, niché au cœur du quartier parisien du Marais, qui dit beaucoup de lui. Une galerie d'art ouverte en 1993, à deux pas des musées Pompidou, Picasso et Carnavalet. Sur les cimaises, des œuvres de la Coréenne Hong InSook qui bousculent, interpellent, toutes intitulées *Trace* pour laisser l'imagination vagabonder. « *Elle peint à l'envers. Elle mouille la toile, fait couler la gouache et secoue dans tous les sens, sans aucune intervention de la main* », décrit Alain Margaron, propriétaire de la galerie. Il est devenu l'ami du ministre vendéen, visiteur régulier et discret depuis une dizaine d'années et lui prête des toiles pour agrémenter ses bureaux. « *On ne peut pas être sectaire et aimer l'art. C'est un questionnement, un doute. Quand on aime des peintures comme celles-ci, on n'est pas dans les certitudes dogmatiques, on est à la recherche* », estime le galeriste, qui n'adhère pas au portrait rigoriste et fermé souvent brossé de son illustre visiteur.

C'est un ami commun qui a fait découvrir au futur locataire de Beauvau ce lieu, magique à ses yeux : Henri Griffon. Un homme au parcours peu banal, lui aussi, docteur en droit devenu par obligation familiale un chef d'entreprise réputé en Vendée, à la tête des meubles Griffon, mais d'abord esthète et passionné d'art. C'est lui qui a transmis le virus à Bruno Retailleau, de trois ans son cadet. Lequel l'a consacré, une fois devenu président de la région des Pays de la Loire, en lui confiant les commandes du FRAC (Fonds régional d'art contemporain). Combien de fois ces deux comparses ont-ils échappé à leurs obligations pour arpenter les allées du musée Pompidou, dont la fameuse rétrospective de l'artiste français d'origine haïtienne Télémaque en 2015 ? Souvent, ils rameutaient leur autre complice, feu le grand patron Denis Kessler, ex-numéro deux du Medef et immense amateur d'art, finissant tous trois autour d'un repas canaille dans le quartier du Sénat. C'est Henri Griffon, encore lui, qui fit découvrir à Bruno Retailleau le peintre paysagiste René Laubiès, né près de Saïgon, maître de l'abstraction et du dépouillement tout asiatique, dont le Vendéen est devenu un amateur éclairé. Au point de posséder quelques œuvres, en petit collectionneur[2].

Ainsi de cette haute toile de Hong InSook aux teintes vert foncé, hissée sur la cheminée dans le salon des Retailleau à Saint-Malô. On croirait apercevoir une forêt de pins ou des pitons rocheux, selon ce que l'esprit vient vous dicter sur l'instant. « *Ça libère l'imagination. Très souvent, devant une idée bien formulée*

2. Dans sa déclaration de patrimoine, le ministre de l'Intérieur fait état de 10 000 euros de tableaux, en valeur d'achat.

dans un livre, j'ai une émotion esthétique de même nature que celle que je peux avoir devant un tableau[3] », livre le maître des lieux, confortablement installé sur son canapé d'angle rosé devant une tasse fumante de thé, tandis que son visiteur s'évertue, sans succès, à échapper aux assauts de Sam, le teckel de la famille qui a pour fâcheuse habitude de vous sauter sur les genoux.

Rien de fastueux dans cette maison de campagne coquette, garnie de meubles anciens hérités des générations passées, si ce n'est une piscine de belle taille, gage de réussite. S'il vit confortablement, Bruno Retailleau n'a pas le goût du luxe. Loin d'être le ministre le plus fortuné du gouvernement, il a tout de même amassé au fil des mandats un joli capital, à la tête d'un patrimoine immobilier de près de 550 000 euros dont les prêts sont presque tous éteints et fort de près d'un demi-million d'euros en assurances-vie et comptes épargne. Sur sa déclaration de patrimoine publiée par la Haute autorité pour la transparence de la vie publique (HATVP), il a inscrit ce corps de ferme rénové par ses soins, la maison acquise par ses parents sur l'île de Ré qu'il détient en indivision, un SUV Citroën C5 Aircross, ainsi qu'un « dressing » évalué à 12 000 euros réalisé sur-mesure par un menuisier.

Être croqué en nanti de province l'agace. « *Le milieu dans lequel je vis, dans lequel j'ai grandi, est un*

3. Entretien avec l'auteure, 1er mars 2025.

milieu populaire. C'est une petite commune rurale. Je n'ai pas de relations mondaines. C'est ça, ma société à moi. Je n'ai aucune leçon à recevoir là-dessus, toute ma vie et mes amis en témoignent. Je n'ai jamais voulu faire "peuple", parce que je n'en ai pas besoin et parce que c'est une marque profonde d'irrespect. Je trouve même que c'est obscène », réplique fermement Bruno Retailleau.

Il serait même un peu pingre. Ses amis se racontent sous le manteau cette impayable anecdote : « *Un jour, son fils, qui fête ses 18 ans, appelle : "Papa, je suis avec des copains. Est-ce que je peux prendre une bouteille de champagne à la cave ?" Comme il ne boit rien, Bruno a une belle cave. Et il lui répond : "Prends plutôt du cidre !" Le fils insiste : "J'ai 18 ans, quand même !" Bruno reprend : "Attends, il y a du crémant*[4]*. Tu vois où le champagne est rangé ? Ce n'est pas là, cherche le crémant."* »

Un sou est un sou. « *On dit beaucoup en Vendée que les bocains sont radins. Il y a un peu de ça. Il fait gaffe à tout. Les dîners de Laurent Wauquiez à plusieurs centaines d'euros par personne, ce n'est pas envisageable pour lui, il ne comprend même pas* », poursuit l'un de ses soutiens.

Ainsi attache-t-il peu d'importance à sa mise, habitué à ses costumes De Fursac de la rue de Richelieu (Paris 2e), élégants sans être tape-à-l'œil. Et s'il lui arrive de casser sa tirelire pour investir dans un vêtement de marque, il peut facilement négliger les détails

4. Vin mousseux nettement plus abordable que le champagne.

ou s'égarer quelque peu sur la taille. Ses vieux copains se souviennent l'avoir vu un jour débarquer flottant dans un grand loden bleu marine « *avec un pli derrière, qui tombait mal et ne lui allait pas du tout, alors qu'il avait dû le payer assez cher* ». Nicolas Sarkozy, qui répète à l'envi que la tenue d'un dirigeant de premier plan doit être irréprochable, ne s'est jamais privé d'épingler le look de l'ancien sénateur. « *En politique, il faut une gueule et un corps. Il n'a ni l'un ni l'autre !* » a longtemps asséné l'ancien chef de l'État, voyant là un obstacle irrémédiable à une candidature de l'ancien villiériste à l'Élysée.

Après son arrivée place Beauvau, les conseillers de Bruno Retailleau font élargir quelque peu la coupe de ses costumes, pour mieux dissimuler son extrême minceur. Sans parvenir à éteindre toutes les critiques sur son apparence, jusque parmi ses plus fervents soutiens qui s'amusent de le voir passer en revue les troupes policières avec sa veste de « M. Tout-le-Monde ». « *Il est drôle avec son petit costume, sa doudoune et son manteau à capuche ! Il s'en fout* », taquine une haute figure de la droite.

Et si l'on a parfois aperçu Retailleau avec une paire de lunettes noires en pleine journée, ce n'était pas par conversion soudaine au bling-bling mais parce qu'il souffrait d'un décollement de la rétine. « *Ce n'est pas un caprice d'acteur de cinéma américain, c'est simplement que j'ai subi une opération chirurgicale à un œil hier soir* », s'était prestement justifié le ministre de l'Intérieur en visite à Nantes début 2025.

Il cultive de même des loisirs assez classiques. Dans ses rares instants de tranquillité, il se détend au cinéma le samedi soir à Cholet (Maine-et-Loire) avec son épouse, capable de choisir un blockbuster américain. Côté musique, vive passion chez cet autodidacte qui avait monté sa propre école dans ses jeunes années à Saint-Malô, ses préférences tiennent davantage du grand écart. Pianiste de qualité et grand amateur d'orgue, il a une inclination prononcée pour le baroque, de Friedrich Haendel à François Couperin et Jean-Philippe Rameau. Et c'est un aficionado du festival bucolique organisé chaque année à Thiré en Vendée par son ami chef d'orchestre et claveciniste, l'Américain naturalisé français William Christie, dédié aux œuvres méconnues de l'art baroque. Sur le pupitre du piano demi-queue installé dans le salon des Retailleau, des partitions de bandes originales de film, dont un mouvement de Beethoven interprété dans *Le Cercle des poètes disparus*, prennent la poussière. *« Ce piano est un reproche quotidien »*, soupire ce mélomane frustré, faute de temps, qui se prend à pianoter parfois quelques notes de la *Marche turque* de Mozart. Sa playlist sur son smartphone est plus inattendue : il avoue un penchant pour le groupe Abba, les chanteurs Stromae, Julien Clerc et Juliette Armanet. Pas bégueule lorsqu'on sait que la chanteuse de *La Flamme* s'était distinguée en raillant le tube increvable *Les Lacs du Connemara* : *« C'est le côté scout, sectaire. La musique est immonde. »* Ajoutant même, à propos de Michel

Sardou – et revenant ensuite sur ses propos : « *C'est de droite, rien ne va.* »

★

On ne peut comprendre cet homme atypique si l'on ignore qu'il s'impose depuis ses jeunes années – à peine moins depuis qu'il est devenu ministre – une discipline de fer. Lui qui n'a pas fait de grande école, ni l'ENA ni Normale sup, s'astreint chaque soir à lire, des essais surtout. Un de ses intimes dépeint le rituel : « *Même lorsqu'il a un dîner, il se lève à 22 h 35 pour s'en aller. Pas pour se coucher, mais pour travailler à sa construction intellectuelle. Il n'a pas eu la réussite facile et naturelle, c'est sa chance. Il a toujours été obligé de bosser et il a fait preuve d'une ténacité extraordinaire dès ses études, à Sciences Po notamment.* » Et lorsqu'il ne peut lire le soir, la légende veut que ce petit dormeur programme parfois son réveil la nuit pour bouquiner. Les *happy few* qui ont eu l'occasion de l'accompagner à la plage rapportent cette autre routine : méthodique, il installe sa pile de livres et de dossiers à la droite de sa serviette, les surligne – au Stabilo jaune, de préférence –, puis les pose sur sa gauche avant, ce labeur achevé, d'aller se baigner. Sans qu'on sache si ces pittoresques anecdotes relèvent de la tentative de construction d'une légende ou de gentilles moqueries fondées sur du vécu.

Après quoi court-il donc ? Certains de ceux qui ont croisé sa route évoquent un classique syndrome du bon élève. D'autres, plus affûtés, une soif de reconnaissance. « *Il est très ambitieux, il travaille pour lui. Il est en quête de revanche sociale. Il est issu d'un petit milieu assez modeste, il a toujours eu ce complexe. Ses parents n'étaient pas loin de la petite bourgeoisie. Les enfants ont fait des études, mais ce n'étaient pas des notables. Même dans ses études, Bruno a toujours regretté de ne pas avoir fait l'ENA* », témoigne un ancien camarade.

Dans sa ferme de Saint-Malô, son bureau bibliothèque, dont les rayonnages ploient sous les ouvrages, est sa tanière. Dès qu'on en franchit le seuil, un objet attire le regard : un prie-Dieu, tapissé de rouge carmin. Dans les heures les plus rudes de son existence, après la rupture avec Villiers ou quand la réussite politique se refusait à lui, il s'est souvent réfugié dans cette pièce, cherchant l'apaisement à ses tourments dans les Écritures et la lecture. Il y a chez lui un côté pur esprit, intello égaré en politique. Nicolas Sarkozy, encore, s'en est ouvert à lui, un tantinet agacé par cette austérité affichée : « *Bruno, il faut que tu souries un peu, que tu sois dans la vie ! La pomme, le bouquin, le thé, ça va bien...* »

Bruno Retailleau aime les livres, par-dessus tout. « *Ce sont pour moi des objets sensuels. Je les annote, je les souligne. Les livres, la culture, pour moi c'est un pas de côté* », confie-t-il. « *Lorsqu'on déjeune ou qu'on dîne avec lui, sa première question ne porte pas sur la situation politique mais sur ce qu'on est en train de lire*, rapporte l'essayiste Mathieu Bock-Côté. *Sa grande obsession, c'est de comprendre l'époque dans laquelle nous vivons.* »

Studieux, presque scolaire, le futur ministre a longtemps tenu des petits carnets de Moleskine, consignant patiemment les réflexions et idées puisées dans les ouvrages qu'il dévore. Il a, comme souvent chez les autodidactes, la citation un peu mécanique. Et ses lectures ont tendance à tourner en boucle, comme s'il était son propre algorithme, qui toujours le ramène à son point de départ. Une constante chez cet homme qui pâtit parfois d'un manque de curiosité pour ce qui sort de son champ d'intérêt. « *Il connaît très bien une matière limitée dont il use et re-use. Vous ne l'amènerez jamais sur autre chose* », grince l'un de ses adversaires chez les Républicains.

Souvent, il cite Alexandre Soljenitsyne : « *La culture, c'est le perfectionnement de la vie de l'esprit.* » Ou André Malraux : « *La culture, c'est ce qui répond à l'homme quand il se demande ce qu'il fait sur la terre.* » Et raconte cette visite en Irak, dans un monastère saccagé par Daech dont un prêtre avait emmuré des livres anciens pour les protéger des autodafés. Parmi ses auteurs fétiches figurent, depuis des années, les écrivains François Cheng – avec une préférence marquée pour ses méditations sur la mort –, Charles Péguy, Jean Giono, Georges Bernanos, les philosophes Simone Weil et Pierre Manent. Et, rares exceptions classées à gauche, les essayistes Jean-Claude Michéa et Christophe Guilluy. Son inspirateur, entre tous ? Roger Scruton, pape des conservateurs britanniques. C'est chez lui qu'il a puisé cette notion, qu'il invoque à l'envi dans ses discours : la « gratitude ».

Philippe de Villiers, dont on ne partage pas forcément les idées, tant s'en faut, mais dont il faut reconnaître le brio intellectuel, avait coutume de parler, s'agissant de son ancien acolyte, de *« culture Wikipédia »*. Brutal. *« Bruno a un haut degré d'exigence envers lui-même, il se met la barre très haut. Le sens de son action, c'est la culture du résultat, ce n'est pas lui, sa petite personne*, corrige Monique Clénet, qui fut sa fidèle secrétaire pendant plus de trente ans, de 1990 à 2021 jusqu'à son départ à la retraite. *Il n'est jamais le centre de son action, il agit toujours pour les autres. Il aime les gens, il se nourrit de ses échanges avec eux. »*

Il est un autre trait de caractère propre à l'ancien sénateur qu'il convient de ne pas négliger, au risque sinon de tomber dans le cliché : si son prisme est profondément de droite, tendance conservatrice, ses années passées au Sénat, temple de la conciliation, l'ont frotté à d'autres points de vue. Et lorsque les arguments face à lui sont suffisamment étayés, cet homme qu'on imagine à tort monolithique et bardé de certitudes est capable de bouger.

Ancien conseiller spécial de Michel Barnier à Matignon et européen farouche, Arnaud Danjean raconte comment Bruno Retailleau, longtemps révulsé par la machinerie technocratique de la Commission européenne par pur atavisme politique, l'a appelé peu après son entrée au gouvernement, en rentrant d'un déplacement à Bruxelles. Heureux de ne pas avoir trouvé que des bureaucrates fabriquant du compromis mou, comme il l'anticipait, mais des hommes et femmes aux convictions aussi fortes que les siennes et demandeurs de solutions communes.

★

Tout à sa gourmandise intellectuelle, Bruno Retailleau en oublierait presque la nourriture terrestre. Ce petit mangeur est l'objet des taquineries incessantes de ses proches sur sa silhouette gracile. Certains en viennent même à convoquer, pour le convaincre de se sustenter, les mânes du « Tigre » Clemenceau, amateur de bonne chère sur la fin de sa vie. *« Bruno est tout sauf un épicurien*, griffe une vieille connaissance. *Il mange peu, ne boit pas, il a une vie monacale ! Et quand il mange, il vérifie tout. Il n'est jamais détendu, même à l'heure de l'apéro. Si au bout d'un quart d'heure, les plats n'ont pas commencé à mijoter, il vient soulever les casseroles, "c'est prêt quand ?" » « Un Noël avec lui, ça doit être flippant ! Il lui arrive de faire des jeûnes, le carême. Il a une hygiène de vie très stricte »*, réprouve une figure de la droite. Autrement dit par Nicolas Sarkozy : *« Il faut toujours se méfier des gens maigres qui ne partagent pas les plaisirs de la table. »* Nul ne se souvient, de même, de l'avoir vu avec un coup dans le nez, sauf une fois lors d'une visite en Pologne, piégé à coups de vodka, avec l'alcool plutôt gai.

Voilà pour la caricature du pur esprit. Ceux qui ont déjà partagé sa table décrivent plutôt un fin gourmet, qui picore certes, mais capable de concocter une côte de bœuf au feu de cheminée ou de questionner longuement l'origine d'une pièce de viande. Il a, de même, ses petites adresses chez des viticulteurs. « *Il ne va peut-être boire qu'un ballon mais il apprécie*, corrige un ami de plusieurs décennies. *Les gens qui disent que Bruno est un ascète, c'est n'importe quoi.* » Son péché mignon ? Le chocolat.

Ne pas s'arrêter, donc, à son physique filiforme. « *Il a une santé de fer, il est très solide. Il peut sembler chétif, mais pas du tout ! Clemenceau non plus n'était pas un grand bonhomme* », prévient un intime à l'intention de ceux qui spéculeraient sur une supposée fragilité. À 60 ans passés, Bruno Retailleau s'entretient. Le week-end, à l'aube, il pratique le vélo elliptique dans la salle de sport du ministère de l'Intérieur, avec sa tablette pour lire les journaux, et il court lorsqu'il est chez lui en Vendée. Pas à Paris, dont il juge l'air trop pollué.

Plus rarement, au moins une fois par an, il part en balade champêtre avec son cheval Celoso (jaloux, en espagnol). C'est ainsi qu'il manque un jour de se tordre le cou. Lors d'une de ces promenades, il frôle la catastrophe. D'un tempérament sauvage et craintif, l'animal, puissant, prend peur en apercevant des tentes colorées. Soudain, il se cabre, avant de faire une demi-volte. Son cavalier tend les rênes pour le calmer. Las, le filet qui tient le mors se rompt et l'animal part au galop. « *Un cheval qu'on ne contrôle plus, ça peut être l'accident. En quelques secondes, j'ai décidé de sauter* », livre-t-il. Sur le fil, il parvient à ralentir la bête et à stopper sa course, sauvé par ses années de pratique mais quitte pour une belle frayeur. Le cheval a longtemps été chez lui « *une énorme passion* », avec une prédilection pour les chevaux ibériques qu'il a découverts au Puy du Fou. « *Ils sont bien dans leur tête, capables de passer très vite du calme à l'adrénaline et à des mouvements puissants, rapides. Ce sont des chevaux qu'on peut canaliser par le dressage* », expose-t-il dans, si on osait un brin de psychologie, une curieuse métaphore de lui-même.

Il partage ce goût des sports équestres avec le président du Sénat, Gérard Larcher. Ce qui explique la relation qu'entretiennent ces deux ténors qui n'appartiennent pas du tout à la même droite, l'un gaulliste social, l'autre conservateur. Ils ont en commun cette devise de l'écuyer en chef du Cadre noir à Saumur : « *Calme, en avant, droit.* » De même le cheval a-t-il beaucoup contribué à rapprocher Retailleau du centriste François Bayrou, autre élu rural.

★

Ce portrait intime forcément impressionniste ne serait pas complet sans quelques épisodes qui témoignent de son tempérament plus hardi qu'on l'imagine. Qui imagine ainsi Bruno Retailleau dans les bureaux parisiens de Jean-Claude Camus, manager historique de Johnny Hallyday, en train de booker le pape du rock français pour un concert au pied de chez lui ? Encore un coup de Philippe Maindron, cela va de soi.

« *Je l'amène souvent sur des brèches* », se vante l'olibrius, qui compte à son actif une belle réussite : le festival de musique de rock de Poupet, réplique vendéenne des Vieilles Charrues, qui se tient chaque été dans le théâtre de verdure de Saint-Malô, à 500 mètres du jardin des Retailleau. Si bien que le ministre de l'Intérieur peut entendre de chez lui les concerts qui attirent des dizaines de milliers de personnes depuis le milieu des années 1980, de Joan Baez à Sting, de Clara Luciani à Philippe Katerine, ou Johnny Hallyday justement que Maindron s'était mis en tête de faire venir en 2006 pour les 20 ans du festival, à l'époque où il n'attirait encore que quelques milliers de passionnés. « *La plus grosse soirée de ma vie* », se souvient le truculent producteur, qui se définit lui-même comme « *un boute-en-train, un peu borderline* ». Jean-Claude Camus, bien entendu, l'avait rabroué. « *Il ne voulait pas entendre parler de mon projet. Il m'a dit : "Faut venir avec votre banquier et un institutionnel." Le matin, le banquier m'a fait faux bond, mais Bruno a honoré le rendez-vous. On s'est retrouvés devant Camus, on a dit "le banquier est malade", c'était bidon. Et Bruno a tellement bien défendu le projet qu'on est sortis avec notre date de Johnny !* » Lequel a joué devant plus de 30 000 fans à Saint-Malô. « *Le banquier avait fait un refus d'obstacle* », se remémore Retailleau, dont le soutien aux projets fous de son ami n'a jamais manqué, même à l'époque où ces coups de main à un festival concurrent du Puy du Fou auraient pu lui coûter. *« Bruno a toujours défendu Poupet, alors qu'il aurait pu botter en touche. Ça ne devait pas être facile pour lui au quotidien. Aujourd'hui, tout le monde a sa place »*, salue l'un de ses voisins.

Il y eut aussi cette autre fois où Philippe Maindron l'avait appelé en catastrophe pour arranger le coup avec le préfet, après avoir fait rouler sur la route départementale du village une véritable locomotive à vapeur pour une manifestation baptisée « Las Vegas du Bois ». Les autorités administratives, dupées, avaient cru qu'il s'agissait d'un banal tortillard pour touristes. *« Ils sont totalement déjantés »* s'esclaffe le « premier flic de France », comme on rit de ses propres frasques.

Tout Bruno Retailleau est là, plus subtil que l'image qui lui colle à la peau, capable de passer de l'ascèse à l'action, de la méditation à l'urgence de l'heure. Cet homme est un intranquille. Et pas du genre à se laisser marcher sur les pieds lorsqu'il s'assigne un objectif. Comme il le dit lui-même, *« je ne suis pas un méchant mais quand on me cherche, on me trouve »*. Philippe de Villiers va l'expérimenter à ses dépens.

4

Frères d'armes

La destinée se joue, parfois, sur une banale teinture de cheveux. Ce 2 octobre 2014, les sarkozystes rouspètent devant leur poste de télévision en découvrant la cuisante défaite de leur poulain, Roger Karoutchi, dans la bataille stratégique pour la présidence du groupe UMP du Sénat. « *Mais c'est quoi cette couleur ? Qu'est-ce qui lui a pris à Roger ? Il est blond, les sénateurs n'allaient pas voter pour un blond !* » écume l'un, devant la toison aux reflets dorés du sénateur des Hauts-de-Seine, qui a longtemps traîné à droite un méchant surnom : « Roger Color ».

Deux ans après la chute de Nicolas Sarkozy à la présidentielle, une féroce lutte d'influence se joue entre les soutiens de l'ancien président et ceux de François Fillon. Face à Karoutchi, ex-ministre de son état, un modeste sénateur proche de l'ancien Premier ministre a déjoué tous les pronostics en se faisant élire au premier tour. L'été précédent, Bruno Retailleau, donc, avait longuement hésité à se lancer. Dans l'avion qui l'emmenait au Kurdistan irakien près de la ligne de front, pour soutenir la communauté chrétienne menacée par l'État islamique, il faisait ses calculs : « *À partir de combien de voix je ne suis pas ridicule ?* » Avant de s'apercevoir qu'il comptait de nombreux soutiens.

Ainsi fait-il une entrée retentissante, comme par effraction, dans la grande famille gaulliste. Sénateur depuis dix années, dont la majorité passée sur le banc des non-inscrits, l'ancien villiériste n'est encore qu'une pièce rapportée à l'UMP, dont il a pris la carte deux ans plus tôt, en février 2012. C'est dire si la marche était haute. François Fillon décroche son portable : « *Tu as fait le casse du siècle !* » Cette consécration, qui signe son émancipation définitive de la sphère Villiers, il la doit pour partie à l'ancien Premier ministre. C'est lui, bien qu'il s'en défende, qui a précipité sa « dévilliérisation ».

★

François Fillon est un homme rare. Avare d'interviews, il fuit les journalistes, concentré sur sa riposte judiciaire dans la tentaculaire « affaire Penelope ». Pour un livre sur Bruno Retailleau, il n'a pas hésité. Ses mots pèsent lourd. Ils sont, énonce-t-il d'emblée, « *frères d'armes, fusionnels*[1] ». S'ils ne sont pas intimes et ne se fréquentent pas sur leur temps libre, une communion d'esprit les unit. Depuis cette présidentielle

1. Entretien avec l'auteure, 5 février 2025.

de 2017 aux allures de bagarre de rue, qui les a soudés, ils ne se sont plus quittés. Pas une décision d'importance sans que Bruno Retailleau sollicite ses conseils. Ni de victoire sur son chemin sans que François Fillon soit le premier à le féliciter.

Entre eux, tout démarre en 1998, quand le Sarthois brigue la présidence de la région Pays de la Loire. Si elle pèse peu démographiquement dans ce scrutin, la Vendée est le fief qui envoie l'un des plus gros contingents d'élus de droite. Soucieux de garder la main, Philippe de Villiers dépêche son œil de Moscou comme tête de liste départementale. Ainsi Fillon croise-t-il la route de Retailleau.

De prime abord, il s'en méfie. Dans l'Ouest modéré, les villiéristes n'ont pas bonne presse, jugés bien trop à droite. Et le futur Premier ministre ne connaît que trop le tempérament de Philippe de Villiers : tous deux émargent au club des Rénovateurs qui unit les jeunes loups de la droite et du centre, avec François Bayrou et Michel Barnier. « *On se réunissait au Sofitel Bourbon [NDA : qui abrite depuis des bureaux de l'Assemblée nationale] et, en général, Villiers sortait avant la fin pour voir les journalistes et leur dire tout le mal qu'il pensait de nous...* » rit encore un convive de l'époque.

François Fillon a tôt fait de repérer en Retailleau, de sept ans son cadet, une bête de travail. « *Il découvre ce que Villiers avait découvert : le gars fait le job. Il va donc faire la même chose et s'appuyer énormément sur Bruno* », enchaîne un retailliste. Fillon, surtout, apprécie d'emblée l'homme. « *J'ai tout de suite trouvé que ce garçon était formidable et qu'il avait des qualités exceptionnelles. Il a cette culture qui me parle – dans ce milieu, c'est rare, même parmi ceux qui prétendent lire beaucoup. Sa force de convictions m'a, dès le début, impressionné. Il est enraciné et mène une vie normale, pas une vie extraordinaire comme la plupart des dirigeants politiques. Et il dégage une sincérité qui est, à mon avis, son principal atout* », vante-t-il devant nous, dans un café cosy de la capitale.

Sitôt élu à la tête de la région, il le promeut au poste de vice-président, avec un vaste portefeuille couvrant la culture, les sports ou encore le tourisme. Scandale ! « *Tout le monde hurlait : "Fillon donne la culture au MPF, c'est épouvantable !" Et Bruno a retourné les milieux culturels. Ils lui mangeaient dans la main* », se remémore-t-il. Ensemble, les deux hommes inventent, vingt ans avant la macronie, le « pass culture ». « *La relation naît à ce moment-là. Il me laisse carte blanche et beaucoup de marges de manœuvre*[2] », se souvient Bruno Retailleau. La complicité viendra plus tard.

Entre ces deux immenses pudiques, l'amitié ne tient pas du coup de foudre. Elle se forge avec le temps. « *C'est une relation de grand frère*, poursuit un filloniste. *François n'a jamais cherché à avoir des dauphins – on le lui a assez reproché. La place de Bruno est à part.* » Aujourd'hui, ces frères siamois sont inséparables. Ils se sont juré fidélité. « *Si je regarde les responsables politiques avec lesquels j'ai travaillé, Bruno est l'un des très rares qui ne m'ait jamais fait de mauvais coup*, loue l'aîné. *Il fait*

2. Entretien avec l'auteure, 2 janvier 2025.

partie d'un petit cercle de gens extrêmement fidèles, dont l'amitié n'a jamais été mise en doute. »

Clarifions, à ce stade du récit, un point capital. Au début des années 1990, Philippe de Villiers n'est pas encore le tribun nationaliste qui harangue les foules cathodiques sur les plateaux des chaînes conservatrices de la TNT. Il s'inscrit dans la majorité RPR-UDF et émarge au Parti républicain, satellite de la nébuleuse centriste dont il est, certes, l'incarnation la plus droitière. En 1988 – qui s'en souvient ? – il soutient le porte-drapeau de l'UDF à la présidentielle, Raymond Barre. Jusqu'à sa première candidature à l'Élysée en 1995[3], le « Vicomte », poussé par l'ancienne muse de Jacques Chirac Marie-France Garaud, est un leader souverainiste qui défend « *les petits patrons accablés d'impôts* », un eurosceptique revendiqué qui pourfend le traité de Maastricht, à l'unisson de Charles Pasqua, avec qui il noue un fructueux compagnonnage politique. Clairvoyant, le socialiste Jean-Christophe Cambadélis dénonce, déjà, « *un cheval de Troie de l'idéologie lepéniste dans la majorité*[4] ».

Mais c'est plus tard que Philippe de Villiers radicalise son discours, à la faveur de ses premiers succès électoraux et d'une rencontre déterminante.

3. Au premier tour de la présidentielle de 1995, Philippe de Villiers récolte 4,74 %. Sous la barre des 5 % des suffrages exprimés, il n'est pas remboursé par l'État de ses frais de campagne.

4. « Philippe de Villiers annonce sa candidature pour "rendre aux Français leur souveraineté" », *Le Monde*, 10 janvier 1995.

En 2001, un transfuge du Front national jeunesse (FNJ), Guillaume Peltier[5], pousse la porte du MPF. Le jeune homme a du talent, beaucoup de bagout, et se hisse prestement au rang de numéro deux du parti. *« Peltier vend alors à Villiers l'idée qu'il va remplacer Jean-Marie Le Pen,* relate un ancien de l'équipe. *Il l'a un peu gouroutisé.* » Porté par le succès du « non » au référendum de mai 2005 sur la Constitution européenne, auquel il a puissamment contribué avec ses diatribes contre le « plombier polonais », Villiers lance de façon tonitruante sa candidature présidentielle pour 2007 en clôture de l'université d'été de son parti, le 11 septembre 2005 précisément.

Ce discours de Grasse (Alpes-Maritimes) va enfoncer un premier coin politique entre lui et Bruno Retailleau, qui désapprouve ce virage radical. À la tribune, le héraut du MPF vilipende *« l'islamisation progressive de la société française », « les familles polygames »*, promet une *« garde nationale »* pour contrôler les prêches dans certaines mosquées, dénonce même *« un apartheid à la française »*. Invité sur RTL, Le Pen père moque un *« aristo déguisé en sans-culottes »*.

Voilà Bruno Retailleau écartelé entre sa fidélité à son père spirituel et la nouvelle vie qui s'ouvre à lui au Sénat et à la région, dans l'orbite du gaulliste social François Fillon. Pris dans la toile du Puy du Fou, qui régit toute sa vie sociale, amicale et professionnelle, il ne

5. Sollicité à plusieurs reprises, Guillaume Peltier n'a pas donné suite à nos messages.

peut briser ses chaînes qu'au prix fort. Qu'on y songe : son propre frère[6] et ses beaux-frères occupent aussi des postes à responsabilité au sein du parc d'attractions. *« Il a été fait de mes mains, je l'ai façonné*[7] *»*, dira Villiers.

Quand ce dernier refuse d'appeler à voter Sarkozy au second tour de la présidentielle de 2007 après ses 2,24 % du premier tour, Retailleau s'emporte. Non qu'il se soit entiché du futur président. Son côté « m'as-tu-vu » le hérisse et il réprouve son projet de faire adopter par le Parlement français un traité européen simplifié, au mépris du vote des électeurs en 2005. Mais entre la socialiste Ségolène Royal et lui, il n'y a pas photo. Et il l'avoue, la campagne du candidat UMP, un modèle du genre, l'a bluffé, *« fasciné »* même. *« Ses discours sur la Nation, sur la pensée soixante-huitarde correspondaient parfaitement à mes intuitions et à mes convictions »*, dit-il aujourd'hui. Il agite alors la menace. *« Bruno s'est engueulé avec Villiers pendant 48 heures et lui a mis un ultimatum : "Si tu ne publies pas un communiqué de soutien, j'en ferai un et j'aurai des élus avec moi." Villiers a fini par rédiger un texte à contrecœur »*, achève un proche.

Dans les cercles parisiens, le jeune sénateur se fait peu à peu un nom. Ses rapports sont remarqués, sur les nouvelles technologies notamment, dont il se

---

6. Ancien directeur général adjoint du Grand parc du Puy du Fou, Sébastien Retailleau occupe le même poste au parc Astérix depuis 2015, après quatre ans au Futuroscope.

7. « Philippe de Villiers, la tentation FN », *Le Monde*, 10 avril 2017.

veut un spécialiste en tant que rapporteur de la loi Hadopi contre le téléchargement illégal. *« J'étais persuadé que les nouvelles technologies allaient transformer la société, ça me passionnait »*, relate-t-il, moins geek qu'à l'époque. Son équipe se souvient d'une affiche de campagne collector, devenue introuvable, où il posait devant un Minitel…

Repéré par les conseillers du président, Retailleau intègre, comme Christophe Béchu, Éric Ciotti, Arnaud Danjean ou Renaud Muselier, un groupe d'élus prometteurs que le chef de l'État convie à sa table pour défricher des idées en vue de sa réélection. Ces nouveaux visages ont vocation à constituer un vivier de ministres pour son second mandat. *« Sarko était très chaleureux avec Bruno. Il le voyait comme celui qui allait lui ramener une part de l'électorat de droite »*, retrace un retailliste.

C'est ainsi que François Fillon souffle une première fois son nom, début 2009, pour le poste de secrétaire d'État à l'Économie numérique, afin de succéder au socialiste défroqué Éric Besson. Après avoir ouvert son gouvernement à la gauche, de Bernard Kouchner à Fadela Amara, Nicolas Sarkozy n'est pas contre adresser un message aux électeurs du camp conservateur, d'autant que des élections européennes et régionales se profilent.

L'affaire semble entendue : jamais le président n'a biffé aucun nom proposé par son Premier ministre, même au plus fort de leurs tensions. Or celui de Retailleau sera le tout premier. Et le seul en cinq ans.

Annoncé comme entrant par des indiscrétions, le sénateur essuie en coulisse un tir de barrage. « *Villiers nous a fait une scène de ménage !* » affirme alors Fillon, qui renonce sous la pression de l'Élysée « *pour ne pas déclencher une guerre nucléaire* ». Nathalie Kosciusko-Morizet hérite du poste. Le chef du gouvernement fait une seconde tentative en 2010. De nouveau, Villiers menace Sarkozy, selon des sources proches de l'ancien président, de rompre toute relation diplomatique. La présidentielle approchant, voilà de précieuses voix qui risquent de s'envoler. Le jeu n'en vaut pas la chandelle et le dossier est classé. Bruno Retailleau aurait donc pu émerger sur la scène nationale quinze ans plus tôt. Une éternité dans une vie d'homme, mais un classique dans une carrière politique. « *Il a tenté de devenir ministre dans mon dos ! C'est Nicolas Sarkozy qui me l'a appris par téléphone et m'a demandé mon avis. Je lui ai répondu que c'était une manoeuvre de François Fillon pour m'empêcher de me présenter aux élections européennes* », justifiera Villiers cinq ans plus tard[8].

« *Le pouvoir de nuisance de l'un l'a emporté sur la capacité de travail de l'autre* », cingle un filloniste. Déçu, le sénateur prend la plume pour écrire une lettre touchante au président, qui charge un conseiller de le recevoir. « *Il était en pleine rupture avec Villiers et envisageait d'être candidat aux sénatoriales de 2011 en tant que non-inscrit. Je lui ai dit : "Tu seras totalement marginal. Si tu veux peser,*

8. Philippe de Villiers, « Bruno Retailleau est tout sauf visionnaire », *Le Point*, 18 mai 2015.

viens à l'UMP !"[9] » nous dévoilait ledit conseiller, Olivier Marleix, ancien chef des députés Les Républicains, quelques mois avant sa disparition si brutale. Cette graine plantée allait germer au-delà de ses espérances : *« Quatre ans plus tard, Bruno était président du groupe ! »*

Reste une question : pourquoi tant d'énergie pour priver Retailleau d'un poste gouvernemental somme toute secondaire ? Certes, cette nomination pouvait être interprétée comme un mauvais coup porté avant les européennes de 2009, scrutin où le MPF engrangeait traditionnellement de bons scores. Les amis de Bruno Retailleau ont fini par se convaincre d'une explication plus personnelle sur la disgrâce de leur champion dans la galaxie Villiers : de moins en moins docile, choyé par l'UMP, il menaçait de faire de l'ombre aux « fils », naturels et spirituels, de son ancien tuteur. *« Villiers voulait que son fils Nicolas lui succède à la présidence du Puy du Fou, dans une conception très féodale,* dissèque un proche de Retailleau. *Or, Bruno était devenu l'empêcheur de tourner en rond : il était extrêmement populaire chez les bénévoles, c'était leur homme. Et Villiers a eu ce même tropisme féodal à Paris avec Guillaume Peltier, quand il a décidé d'en faire son numéro deux. En 2007, Bruno a été prié de rester en retrait de la campagne présidentielle. Sur le coup, il a eu une nostalgie humaine. Il devait beaucoup à Villiers, qui lui avait donné la chance d'être élu très jeune, c'était compliqué de s'émanciper. Mais c'est à ce moment-là qu'il a acquis un réflexe de survie. »*

9. Entretien avec l'auteure, 6 février 2025.

★

Chez les Retailleau, on est persuadé que ce drame a emporté le père, Michel, à force de tristesse, en février 2019 à l'âge de 82 ans. Car toute la famille a été électrocutée par la foudre qui s'est abattue sur l'aîné de la fratrie. Bruno Retailleau s'est même demandé, alors, s'il ne devait pas renoncer à la vie politique.

Dix ans plus tôt, le 23 décembre 2009, il a été exclu de l'association des bénévoles du Puy du Fou. Lui qui pilotait la mise en scène depuis un quart de siècle a été mis au ban à l'avant-veille de Noël, au terme d'un vote à main levée à l'unanimité au sein d'un comité de direction du parc sous haute tension. Un choc, mais il avait senti le vent tourner. Quelques jours plus tôt, il n'avait pas été convié à une réunion cruciale sur la Cinéscénie, dont il était pourtant le chef d'orchestre. Cette épopée, qui a occupé trente-deux ans de sa vie, se clôt brutalement. Dans son livre très documenté, devenu dans le bocage la Bible des anti-Villiers, l'ancienne journaliste et ex-puyfolaise Christine Chamard, restée proche du futur ministre, narre par le menu comment Bruno Retailleau a préféré cacher son éviction à ses parents jusqu'au 26 décembre, pour ne pas gâcher les fêtes de famille. Et comment il a dû prendre sur lui et passer une journée entière le 31 décembre au parc d'attractions, où ses parents avaient choisi de célébrer leurs cinquante ans de mariage.

Le clan Retailleau se retrouve bientôt isolé à Saint-Malô. Dans ce Clochemerle vendéen, personne n'ose se révolter, de crainte d'être à son tour écarté. Chacun est sommé de choisir son camp. Bienvenue à Dallas-sur-Sèvre. « *Les Puyfolais étaient dans la seringue et n'avaient pas trop le choix. Je me souviens de Villiers me disant un jour : "Nous sommes deux, il y aura un moment où il faudra faire votre choix"* », rapporte un ancien du conseil général. Dans la bourgade, beaucoup n'en pensent pas moins. L'ouvrage *Puy du Fou, la grande trahison* rapporte ce « dîner des mamans » où Isabelle Retailleau mène la fronde, défendant son époux, avant de claquer la porte du parc à son tour : « *Vous savez toutes que Bruno a été renvoyé du Puy du Fou et vous savez dans quelles conditions. On colporte sur lui des choses affreuses, on l'accuse d'avoir voulu faire un putsch, d'avoir cherché à prendre le pouvoir... Tout cela est faux. Bruno est innocent. Il a toujours été droit et loyal envers Philippe. Ceux qui vous disent le contraire vous mentent.* »

À l'époque, Retailleau connut un temps des pensées mortifères. « *Les mois qui ont suivi mon exclusion du Puy du Fou ont été difficiles, d'une grande violence. J'avais l'impression d'être au fond du trou, cerné de toute part. Au point d'envisager le pire. Je me souviens de m'être trouvé un jour au volant de ma voiture, sur une petite route de Vendée, et de m'être dit : "Si je me plantais là, dans le décor, toute cette tension disparaîtrait. Ce serait fini. Terminé"* », confiera-t-il en 2016 à Christine Chamard, expliquant avoir passé de nombreuses nuits à méditer et à chercher du réconfort dans les textes spirituels et religieux.

Au siège du département, aussi, les petites vexations se multiplient. Des anciens conseillers racontent comment ils viennent alors soutenir « *en cachette* » le numéro deux, retranché dans sa permanence parlementaire avec sa secrétaire Monique Clénet. « *Bruno n'osait plus venir au conseil général. J'étais allé le voir pour lui dire : "Je trouve dégueulasse ce qui vous arrive"*, rapporte l'un. *Mais il y avait une chose qui me gênait : les gens se servaient de lui pour tuer Villiers.* »

Car la riposte s'organise parmi les élus, qui ne tolèrent plus la mainmise du « Vicomte », et chez les patrons de la région, dont Retailleau est devenu l'interlocuteur privilégié et qui auraient fort apprécié qu'il devienne ministre pour avoir un relais à Paris. Le vice-président du département, qui a la haute main sur le développement économique, a en particulier l'oreille du charismatique président du groupe Fleury Michon, Yves Gonnord[10]. Les conjurés font leurs comptes et s'aperçoivent qu'ils sont en mesure de mettre Villiers en minorité lors des prochaines élections cantonales. « *Les chefs d'entreprise comme Gonnord, la famille Soulard des meubles Gautier, les Brochard de chez Sodebo ont dit à Villiers : "Ça va, il faut que tu passes la main"* », témoigne un patron resté proche de Bruno Retailleau. « *Tous les conseillers généraux qui ont viré Villiers n'auraient jamais eu le courage de le faire s'il n'y avait pas eu tout le patronat*

10. Il a dirigé de 1978 à 2008 le géant de l'agroalimentaire installé en Pouzauges, en Vendée.

derrière ! Retailleau a été à la manœuvre quand il a senti qu'il avait la majorité. Il a osé s'opposer à son mentor et Villiers a démissionné quand il a compris que c'était terminé pour lui », dépeint un élu de gauche aux premières loges de cette purge sanglante.

Sentant le vent du boulet, Philippe de Villiers, lui-même affaibli par un cancer de l'œil et par le duel judiciaire que se livrent deux de ses fils[11], devance l'appel et rend les clés du « Château ». « *À la suite d'une décision mûrement réfléchie, je m'en vais* », annonce-t-il à la surprise générale après plus de vingt ans de règne.

Le 30 novembre 2010, à tout juste 50 ans, Bruno Retailleau devient donc le nouveau visage de la Vendée. Cette opération éclair pour reprendre les commandes du département et écarter Villiers lui vaut d'être accusé, aujourd'hui encore, de trahison et de tenaces surnoms, du « Rastignac de Vendée » au « Borgia du Bocage ». Comme dans toute rupture explosive, chacun voit midi à sa porte. Ainsi les torts sont-ils, aux yeux des villiéristes, des deux côtés. « *Comme dans les divorces, la faute est partagée à 50-50. On dit que Villiers est le méchant et Bruno le gentil. C'est le contraire. Bruno est très dur, c'est un faux humble ! Philippe est un cœur d'artichaut, un gentil qui peut être cassant, mais il suffit de lui dire "tu ne peux pas faire ça" et il fond* », défend l'un de ses amis. « *Bruno n'a rien fait pour lui*

11. En 2006, Laurent de Villiers accuse son frère aîné Guillaume de l'avoir violé entre ses 10 et 13 ans. L'affaire s'est soldée en 2014 par un non-lieu.

piquer son poste ! Il ne serait pas ce qu'il est sans Villiers, mais Villiers a eu le syndrome du hobereau qui ne supporte pas qu'on ne fasse pas ce qu'il veut et qu'on lui résiste. En 2010, Bruno s'est dit : "Si je ne bouge pas, il va me tuer." Dire qu'il a voulu tuer Villiers, lui, c'est une fable. Il a toujours été loyal », récuse avec fermeté un retailliste.

Il n'est pas interdit de penser, avec le recul des années, que Philippe de Villiers a rendu, bien involontairement, un fier service à son ancien lieutenant. Car il en a fait un animal politique très résistant. En avril 2010, Retailleau prend le large et quitte le MPF pour voler de ses propres ailes. Il ne retournera qu'une fois au Puy du Fou, un an plus tard, pour la présentation des équipes du Tour de France. Fort mal lui en prit : il découvre qu'il est écarté de la tribune officielle. *« Je me souviens de Bernard Hinault qui enfonçait ses doigts dans les biceps de Bruno et du pauvre Christian Prudhomme*[12] *qui était blême, blanc comme une merde de laitier ! »* relate un témoin, catastrophé sur le coup par l'affront. On ne l'y reprendra plus. Comme nombre de Puyfolais qui se sont rebellés, il n'y a plus jamais remis les pieds.

★

Comment oublier ces instants précieux, après des années de labeur à gravir patiemment les échelons et à se faire accepter par la droite, sa famille d'adoption ? C'est lors d'un déjeuner rue de Tournon (Paris 6e),

12. Directeur du Tour de France.

dans l'enceinte feutrée du Sénat, que François Fillon lui ouvre les portes du Nirvana. En cette fin d'automne 2016, l'ancien Premier ministre a survolé la primaire de la droite et du centre. Celui que les enquêtes d'opinion projettent déjà à l'Élysée lui propose la botte : Matignon, au pire la place Beauvau. « *Si j'avais gagné, il avait toutes les chances d'être Premier ministre. J'avais quatre ou cinq noms dont j'étais certain qu'ils seraient dans le carré et Bruno en faisait partie. La seule question était : est-ce qu'il serait ministre de l'Intérieur ou Premier ministre ? Je le voyais plutôt Premier ministre* », retrace le candidat malheureux.

En pareille situation, bien sûr, jamais les mots ne sont explicitement prononcés, tout passe par des périphrases. Un futur chef d'État se doit de ne jamais se lier les mains. Fillon lui fait comprendre qu'il doit se tenir prêt. Il a déjà en tête une partie du casting gouvernemental. Son ami, le très libéral Henri de Castries est pressenti, non au ministère de l'Économie comme cela fut souvent écrit, mais sur un poste régalien d'envergure. « *Vous le voyez, avec son patrimoine, défendre la suppression de l'ISF ?* » argue un filloniste. Très fier de sa trouvaille, le candidat a déjà vendu son idée à l'ancien patron des assurances Axa : « *Il faut te décontaminer, donc tu vas passer par le ministère de la Défense.* » Dans les armées, la lignée des Castries est un nom, certes associé à la défaite de Diên Biên Phu[13].

---

13. Durant la guerre d'Indochine, le général Christian de La Croix de Castries commanda le camp retranché du corps expéditionnaire français qui tomba en 1954 sous les assauts du Viêt Minh.

Retailleau sort du déjeuner de la rue de Tournon rasséréné, mais guère surpris. Quelques jours plus tôt, au soir de son sacre dans la bataille interne face à Juppé et Sarkozy, Fillon lui avait déjà soufflé ces mots à l'oreille, comme une promesse d'avenir radieux : « *Tout commence pour toi.* »

C'est la primaire de la droite et du centre qui a scellé leur alliance. Dans cette campagne interne qui est comme un chemin de roses, les deux Ligériens découvrent qu'il n'y a, entre eux, pas besoin de mots. « *On se comprend sans vraiment se parler* », dit Bruno Retailleau. Tout est fluide entre ces deux lettrés qui partagent le même cheminement intellectuel. Cette amitié, puisque c'en est une, est arrivée doucement à maturité. En 2012, tout juste échappé du MPF, Retailleau appelle à voter Sarkozy dès le premier tour de la présidentielle. Puis il soutient Fillon, dans la foulée, dans la guerre cataclysmique qu'il livre à Jean-François Copé pour la direction de l'UMP. Mais il n'appartient pas encore au premier cercle filloniste, contrairement aux Valérie Pécresse, Laurent Wauquiez ou Éric Ciotti. Il est trop occupé à consolider ses positions chèrement acquises. Il doit d'abord asseoir son pouvoir au conseil général de Vendée, apprendre à piloter le groupe pas franchement docile des sénateurs UMP, puis conquérir en 2015 la présidence de la région Pays de la Loire en succession du socialiste Jacques Auxiette. Avec son sens de la formule qui fait mouche, Philippe de Villiers ne manque pas d'égratigner alors ce qu'il perçoit comme une « *trahison* » : « *La preuve est faite que la Vendée n'était, pour mon successeur, qu'un tremplin.* »

Durant la primaire de 2016, Retailleau prend naturellement le parti de Fillon. Il est le seul, à ses yeux, capable de porter le « *combat culturel* » qui lui tient tant à cœur face à la gauche. « *Je pensais que la France avait besoin de ce logiciel politique au sortir d'un quinquennat de François Hollande qui avait beaucoup abîmé le pays,* explique-t-il. *L'autre élément important, c'est que j'ai vu très vite qu'il bousculait la bien-pensance. Il n'avait pas peur d'affronter la classe politico-médiatique, de secouer le cocotier du catéchisme de gauche. Or, on était dans une période d'hégémonie intellectuelle, culturelle et médiatique de la gauche sur la droite. Il proposait une potion pour la France qui pouvait sembler amère, mais je pressentais qu'elle était la seule capable de relever le pays et de lui redonner une prospérité et un avenir*[14]. »

Le Vendéen va jouer un rôle majeur sur le volet régalien du programme, en durcissant les positions du candidat. Au soir de l'attentat meurtrier de Nice du 14 juillet 2016[15], il a l'idée d'un livre sur la guerre de civilisation menée contre l'Occident et ses valeurs. Il la suggère à Fillon qui publie quelques semaines plus tard un opus au ton martial intitulé *Vaincre le*

14. Entretien avec l'auteure, 2 janvier 2025.

15. Après le feu d'artifice du 14 Juillet, un camion-bélier de 19 tonnes conduit par un ressortissant tunisien décime 86 personnes et fait 458 blessés sur la promenade des Anglais. L'attentat est revendiqué deux jours plus tard par l'État islamique.

totalitarisme islamique[16]. « *C'est Bruno qui lui fait prendre ce virage*, dévoile un proche de Retailleau. *Le Fillon de la primaire n'est pas celui de l'époque Philippe Séguin. C'est Bruno qui lui a donné de l'audace.* »

Taciturne, le candidat Fillon n'est pas toujours facile à cerner, parfois même un peu secret. Ses soutiens sursautent plus souvent qu'à leur tour en découvrant ses ajouts à l'agenda et aux discours. Comme en cette fin août 2016 quand, criblant Nicolas Sarkozy de flèches, il lance brusquement cette provocation, en meeting dans son fief de Sablé-sur-Sarthe : « *Il ne sert à rien de parler d'autorité quand on n'est pas soi-même irréprochable. Qui imagine un seul instant le général de Gaulle mis en examen ?* » Dans l'assistance, ses partisans se raidissent, priant pour qu'aucun cadavre ne se cache dans ses placards. Nul ne s'attend encore à la déflagration qui va suivre, mais tous ont intégré que cette petite phrase sonnait comme une invitation lancée à ses adversaires à exhumer dossiers et boules puantes. « *On a tous compris que les emmerdes allaient arriver et qu'il fallait sortir les casques lourds !* » regrette l'un.

Le retour de boomerang ne tarde pas. Fin janvier, « l'affaire Penelope » explose dans *Le Canard enchaîné*. Elle va agir comme une bombe à fragmentation. Aux soupçons d'emplois fictifs de son épouse succèdent les révélations sur les luxueux costumes Arnys offerts par Robert Bourgi, pilier de la Françafrique. Les enquêtes

16. Albin Michel, 2016.

judiciaires pleuvent, la mise en examen tombe. « *On découvrait des nouveaux trucs tous les jours* », soupire un retailliste. Les troupes, en apparence, font bloc. Lors du meeting en forme de démonstration de force organisé à La Villette à Paris fin janvier 2017, dans la foulée des révélations de l'hebdomadaire satirique, le couple Fillon s'installe au premier rang entre Bruno Retailleau et Gérard Larcher, comme un pack protecteur. Mais les premières fissures se font jour. À l'ouverture du Salon de l'agriculture quelques jours plus tard, le président du Sénat prend Fillon à part : « *Avec tout le respect que je te dois, François, et malgré tout le talent que tu as, on va perdre. Si tu décides de continuer, je ne peux pas te suivre.* »

Les défections des barons s'enchaînent au rythme des déconvenues judiciaires. Bruno Retailleau, lui, s'accroche à son rêve. Au point d'être régulièrement accusé depuis, à droite, d'avoir bercé le candidat d'illusions, de l'avoir entretenu dans son déni. « *Il a été le plus jusqu'au-boutiste* », accuse une figure des Républicains. Lui s'en défend et certifie qu'il a toujours été franc en disant les choses, y compris lorsqu'elles étaient désagréables : « *J'ai toujours tenu à avoir un langage de vérité. J'ai été l'un de ceux qui n'ont pas lâché, qui ont tenu jusqu'au bout.* » Il a pourtant essuyé des déconvenues. Dans l'équipe Fillon, de plus en plus resserrée, une idée a germé dans la dernière ligne droite, soufflée par Nicolas Sarkozy : annoncer que le candidat fera tandem, s'il l'emporte, avec le populaire François Baroin. L'un à l'Élysée, l'autre à Matignon. Un jour qu'il siège au conseil régional à Nantes, Retailleau reçoit un coup de fil du candidat. Fillon lui expose que le chiraquien pourrait être un atout, qu'il n'aura peut-être pas d'autre choix, qu'il faut tout tenter pour sauver ce navire qui prend l'eau, et tant pis pour les matelots. Le rêve de devenir Premier ministre, déjà compromis, s'évapore. Retailleau raccroche : *« Et voilà comment on perd Matignon. »*

François Fillon, pourtant, n'est pas dupe du sort qui l'attend, lucide sur la débâcle qui se profile, qui sera au final moins lourde qu'il ne l'avait escompté. À la veille de son grand meeting du Trocadéro, il envisage de tout plaquer et téléphone à Alain Juppé pour sonder ses intentions. Serait-il prêt à assurer la relève ? *« Sarkozy n'acceptera jamais »*, douche l'ancien Premier ministre de Jacques Chirac. Au pied du mur, sans solution de repli, Fillon décide de poursuivre malgré tout. Sur la scène du Trocadéro ce jour-là, le langage corporel de Bruno Retailleau dit tout de sa déception. Le Vendéen est relégué loin, tandis que le visage de Baroin rayonne derrière le candidat. Splendeurs et misères de la vie politique.

« Fillon-Retailleau, c'était une machine de guerre, un attelage de feu, regrette avec le recul un patron de Vendée, qui y a cru. *Quand Fillon était dépecé boyau après boyau, Bruno était le seul qui avait encore le moral, qui remontait les troupes. Il ne l'a jamais lâché ! »* Un filloniste du premier cercle lui décerne la médaille de la loyauté : *« On peut compter sur lui. Il a été fidèle et digne*

jusqu'au bout, sans être dans le déni. C'est quelqu'un de droit, c'est l'adjectif qui lui convient le mieux. » Cet indéfectible soutien à un candidat en perdition pose encore question à droite, où on s'étonne de son jusqu'au-boutisme. « *Bruno, jusqu'à la fin, a pensé que c'était jouable. Peut-être qu'il savait inconsciemment que non, mais il n'a pas voulu l'admettre. Il a toujours été impressionné par François. Il avait un profond respect pour son intelligence. Fillon aurait été un très bon, un très grand président, mais c'est un grand homme qui s'est perdu. Il lui pardonne tout, pas nous* », déplore un baron des Républicains. Quand on l'interroge, Bruno Retailleau répond qu'il a tourné la page de cette campagne catastrophe, mais conservé son amitié à François Fillon[17] : « *J'ai cassé mon rétroviseur.* » Le silence pour bouclier, encore.

---

17. L'ancien Premier ministre a été déclaré en 2024 définitivement coupable de détournement de fonds publics et condamné en juin 2025 à quatre ans de prison avec sursis, échappant à une peine d'incarcération ferme ou au port d'un bracelet électronique.

5

Un septennat d'enfer

« Un burn-out total ! » Au lendemain de cette campagne *horribilis*, où ses rêves de promotion se sont évanouis, Bruno Retailleau se retrouve le dos bloqué, cloué au lit. *« Il a été très malade, une semaine au pieu, mort ! Il n'avait rien médicalement, mais tout le monde s'inquiétait »*, raconte un de ses acolytes. La vie politique est parfois espiègle. En 2008, après un an de vraie-fausse cohabitation avec Nicolas Sarkozy, François Fillon fut lui-même terrassé par un mal de dos qui le contraignit à endurer un corset à Matignon. En ces heures de misère, le sénateur de Vendée, homme à somatiser, revisite ces derniers mois si brutaux.

À commencer par cette prestation télévisée qui l'a mortifié, devant 3,5 millions de téléspectateurs. *« Le pire souvenir de ma vie »*, lance tout de go l'un de ses conseillers, effondré devant son poste. Le 6 avril 2017, à l'aube du premier tour de la présidentielle, Bruno Retailleau relève courageusement le gant. Puisque personne de sa famille politique ne veut se mouiller pour porter la contradiction au favori des sondages, Emmanuel Macron, il s'y collera ! C'est un autre « Premier ministrable » qui avait, initialement, été approché par France 2 pour affronter en *prime time* le leader des Marcheurs : François Baroin, éternelle arlésienne de la droite. Sans succès. Le chef des sénateurs LR n'a que peu de temps pour se préparer. Seul dans une loge glacée, il attend patiemment son tour, tandis que le boxeur Macron, magistral de repartie et de culot, se chauffe en plateau face à Léa Salamé et David Pujadas. Si bien qu'à l'heure de monter sur le ring, il est un peu rouillé.

Le choc entre la « start-up nation » et le bocage va virer au carnage. Habile, Retailleau « l'enraciné » entreprend d'attaquer son adversaire en visant son talon d'Achille : sa déconnexion avec le pays profond. Et d'entamer son propos par une anecdote de son enfance, lorsque son grand-père lui apprenait à chasser : *« À un moment donné, il y a un vol de bécassines : je vise, je tire et je loupe ! »* C'est précisément ce qui va se passer en direct, à cela près que son tir va lui revenir en pleine figure. Croyant porter l'estocade, Retailleau livre ce conseil que lui avait donné son aïeul : *« Méfie-toi des bécassines, c'est difficile à attraper parce que ça vole en zigzag. »* Et ce qui devait arriver arriva : renvoyant en boomerang tous ses arguments, la « bécassine » – Emmanuel Macron donc – ne fait qu'une bouchée du chasseur, avec un grand sourire carnassier. Le futur président dispose de toute une batterie d'arguments pour le déstabiliser. Il questionne, d'abord, la probité de François Fillon : « *La victime du complot du cabinet noir, on connaît le truc par cœur !* » Puis ringardise son contradicteur en le renvoyant à ses traditions du passé et à ses santons de Vendée : « *Je n'ai pas la même vision de la place de la femme ! Je n'ai pas la même vision des droits sociaux et sociétaux ! Je ne crois pas qu'on ait besoin de retrouver la France des années 1950 ou 1960 pour conquérir le XXI*e *siècle !* » Le nez sur ses notes, l'élu de terrain encaisse. Mais c'est lorsque son cadet brandit, au détour d'une phrase, le fantôme de son pire ennemi que le coup est le plus rude : « *Je ne suis pas plus fabriqué par François Hollande que vous n'êtes fabriqué par Philippe de Villiers !* »

Bruno Retailleau ne peut ignorer alors ce que toute la France sait : que le Marcheur en chef s'est, contre toute attente, entiché du fondateur du Puy du Fou. Les deux hommes, que tout oppose politiquement, entretiennent depuis des mois un joyeux compagnonnage, au point que Villiers se targue d'être devenu l'ami de Brigitte Macron. « *C'est le bouffon du roi. Il a toujours été fasciné par les puissants* », persifle un retailliste, stupéfait de cette alliance des contraires, qui ne durera qu'un temps. Un vieil ami du futur ministre de l'Intérieur livre aujourd'hui le fond de sa pensée sur ce débat raté : « *Il est évident que Macron avait été coaché par Villiers,* via *sa femme Brigitte, pour l'affronter !* »

Des mois durant, Bruno Retailleau remâche sa colère contre son adversaire d'un soir dont il perçoit, déjà, les failles. Son mentor François Fillon, parti dans le privé, a pourtant lui-même tourné la page de sa défaite et en vient à se dire que ce jeune président, ingénieux et intelligent, pourrait réussir. Jusqu'aux patrons des Pays de la Loire qui se laissent séduire par le nouveau maître de l'Élysée, qui leur chante une douce musique libérale. « *Quand il a pris son coup de bambou sur la tête après Fillon, on lui a dit : "Bruno, passe à autre chose !" Il avait la critique amère. Il s'agaçait de voir que nous, les chefs d'entreprise, on aimait bien Macron* », confie l'un. Reconnaissons à Bruno Retailleau une rare prescience, car tel ne fut pas son cas. « *Macron, c'est du marketing* », déclame-t-il alors, persuadé que ce président plus cigale que fourmi va plonger le pays dans les affres du déficit.

Dès l'entame du premier quinquennat, voyant le mur de la dette se profiler, il dénonce la doxa macroniste selon laquelle la baisse du chômage et la relance de la compétitivité suffiront à faire ruisseler l'argent dans les caisses de l'État. « *Macron bénéficie d'une météo économique favorable, ça ne va peut-être pas durer. On ne réforme pas la France de façon homéopathique. Ce sont des non-réformes, des réformes timides et injustes !*[1] » gifle-t-il en juin 2018, à l'aube de la révolte des Gilets jaunes et bien avant la pandémie de Covid-19. La promesse du président de ne pas toucher à l'âge de la retraite ? « *C'est évidemment un mensonge* », devine-t-il, cinq ans avant la réforme qui portera l'âge légal de départ à 64 ans. Surtout, il perçoit très tôt que le brouillage

1. Rencontre avec l'auteure au Sénat.

des clivages politiques, au travers du « et en même temps », fait peser une menace sur la démocratie, en plaçant les extrêmes en situation d'incarner l'alternance. Macron, assène-t-il à l'époque, *« uberise la politique »*. Sans songer un instant qu'il sera un jour son ministre.

Dans une relecture toute vendéenne du *Comte de Monte-Cristo*, Bruno Retailleau entend faire payer à ceux qui n'ont pas cru en lui et ont trahi Fillon, son ami. Il va devenir leur maître, prendre le leadership du parti et s'imposer comme le champion de son camp. Tel est le plan, du moins. Car rien ne va se passer comme prévu. À l'été 2017, il l'ignore encore, c'est un septennat entier à ronger son frein qui l'attend.

★

Avant de tourner la page de la vie politique, François Fillon lui lègue son héritage le plus précieux : son mouvement Force républicaine, domicilié dans la prestigieuse rue de Sèvres (Paris 6e). Bruno Retailleau en devient le patron à l'automne 2017. Un joli présent : durant la campagne présidentielle, le micro-parti a levé un trésor de guerre de 3,3 millions d'euros, au vif agacement du trésorier des Républicains, Daniel Fasquelle, qui s'offusque que le candidat utilise sa propre plateforme pour récolter des dons, sans transiter par le parti. Juridiquement, l'affaire est entendue : ce qui appartient à Force républicaine reste à Force républicaine. Politiquement, c'est autre chose. Après la déroute de leur leader, les fillonistes consentent de mauvaise grâce à nouer un accord. Sur les 1,9 million d'euros encore dans leurs caisses, ils acceptent de rétrocéder 1 million au parti, lourdement endetté. Avec les 900 000 euros restants et leurs 10 000 adhérents revendiqués, les héritiers de l'ancien Premier ministre pensent couler des jours heureux.

Aux manettes de cette écurie désormais sans étalon, le Vendéen a de grands projets. Déçu par la façon dont Laurent Wauquiez préside Les Républicains, il compte faire de Force républicaine le laboratoire d'idées de la droite, sa pépinière de talents, son aiguillon, pour s'imposer comme le maître à penser de sa famille politique. Et, partant, son futur candidat. D'ambitieuses conférences sont lancées sur la démocratie, l'Europe ou l'intelligence artificielle. Comme ce colloque organisé fin 2017 à la Maison de la chimie (Paris, 7e) sur le thème « Quelle droite pour la France ? » avec les essayistes Laurent Bouvet[2] et Mathieu Bock-Côté, l'analyste et sondeur de renom Jérôme Fourquet et le professeur de philosophie, encore inconnu du grand public, François-Xavier Bellamy.

Maître de cérémonie, Retailleau donne le ton devant la petite assemblée : il ne s'agit pas d'une *« association d'anciens combattants »* ni d'une *« veillée aux chandelles »*[3].

2. Emporté en 2021 à l'âge de 53 ans par la maladie de Charcot, il était l'époux d'Astrid Panosyan, devenue ministre dans les gouvernements de Michel Barnier et François Bayrou.

3. « Que va devenir Force républicaine, le micro-parti de François Fillon ? », *Les Inrocks*, 20 novembre 2017.

L'idée est de muscler le logiciel programmatique de la droite et de reconquérir à terme le pouvoir. Une école de formation, Politeïa, voit le jour pour les moins de 30 ans qui souhaitent s'engager en politique. Et de nouvelles levées de fonds sont lancées. Le nerf de la guerre. Les dons atteignent 140 000 euros en 2018 – dix fois moins que pour François Fillon l'année de la présidentielle, certes – et jusqu'à 262 000 euros en 2020, année où Bruno Retailleau laisse pour la première fois entrevoir une ambition élyséenne.

C'est compter sans un autre héritage, caché, du fillonisme : une masse salariale rondelette. Plus d'un demi-million d'euros est décaissé en 2017 par Force républicaine pour les émoluments des cinq cadres salariés du micro-parti, sans compter les charges sociales. Cette somme est rabotée à 100 000 euros environ pour deux salariés en 2020 et 2021, dernière année où des rémunérations sont déclarées. À quoi s'ajoutent des sondages pour tester, notamment, la présidentialité et la notoriété du nouveau patron de Force républicaine et, en 2018, un don de 10 000 euros au parti Chasse, pêche, nature et traditions (CPNT).

Résultat, le mouvement filloniste, dont le siège est transféré en Vendée, se retrouve rapidement déficitaire et sans débouché. « *Ils ont cramé la caisse, transformé l'or en plomb ! Fillon a adoubé Retailleau, lui a laissé tout le pognon et il n'a pas réussi à en faire une écurie. En un an, tout était dilapidé* », accuse un stratège LR, omettant que les bilans sont sortis du rouge en 2022 et 2023, derniers exercices comptables connus. Retailleau doit se rendre à l'évidence, cruelle : le fillonisme est passé de mode. Les libéraux font les yeux doux à leur nouvelle idole, l'ancien banquier d'affaires Emmanuel Macron.

« *Bruno avait son agenda : essayer de s'installer dans les sondages, puis s'imposer à droite comme le candidat* », explique un proche. « *Mais les sondages ne décollaient pas et il a dû renoncer à ses ambitions. Ça fait longtemps qu'il pense à la présidentielle, mais il n'en avait pas les moyens* », poursuit un responsable LR.

D'autant que, dans une partie de la droite, le sénateur agace. On lui fait comprendre qu'il n'est pas du clan, qu'il n'a pas le bon ADN. Qu'il n'est, en somme, qu'un cousin éloigné de province. « *L'oncle qu'on tolère en bout de table dans les déjeuners de famille le dimanche* », ose un cadre. Lorsqu'il réfléchit à postuler à la tête des Républicains pour succéder à Wauquiez, démissionné de force en juin 2019 après le score décevant de 8,5 % de Bellamy aux européennes, il est reçu fraîchement. « *Il est allé voir Ciotti, qui lui a expliqué : "On a choisi Christian Jacob*[4]*. On ne laissera pas un étranger prendre le parti et Sarko ne te laissera pas avoir accès aux archives. Crois-moi, une élection interne, tu ne peux pas la gagner !" Un clan s'opposait à lui* », réprouve un fidèle. Retailleau renonce, officiellement « *pour ne pas rallumer la guerre des chefs* » après la curée de 2012 entre Fillon et Copé. Officieusement parce qu'un mur s'est dressé face à lui

4. À l'époque président des députés LR. L'ancien syndicaliste agricole et chiraquien a apporté son soutien à Laurent Wauquiez dans la bataille pour la présidence du parti au printemps 2025.

au cœur du parti, dans l'objectif de préparer la candidature de François Baroin. « *Christian Jacob a des qualités humaines reconnues : la franchise, la loyauté, le sens de l'engagement. Mais il doit être candidat pour lui-même, non par procuration*[5] », pique alors Retailleau. La suite lui donnera raison lorsque le maire de Troyes renoncera à briguer l'Élysée, laissant les siens sans champion à quelques mois seulement de l'élection présidentielle.

★

Contraint de lâcher les commandes de sa région pour cause de cumul des mandats[6], Bruno Retailleau se concentre sur sa mission de chef des sénateurs LR. Tout sauf une promenade de santé tant il doit tenir ce groupe mastodonte, représentant toutes les nuances de la droite, d'une main de fer, en lien étroit avec le puissant patron du Sénat Gérard Larcher, ancien filloniste tendance gaulliste social. Le tout en gardant un œil, ou plutôt deux, sur les centristes du matois Hervé Marseille, convoités par l'Élysée. Ensemble, ces trois compères détiennent la majorité à la chambre haute, môle de résistance à la macronie triomphante.

« *Bruno est droit, pas reptilien. Il annonce la couleur et il s'y tient. Humainement, il est affable. La seule vraie*

5. Entretien au *Point*, juin 2019.

6. La réforme voulue par François Hollande s'est appliquée à compter de 2017, interdisant le cumul entre un mandat parlementaire et une fonction exécutive locale.

différence qu'on a, c'est qu'il boit de l'eau ! » plaisante le sémillant Marseille, président de l'UDI qui, sans partager ses combats idéologiques, l'estime. « *Bruno, c'est une méthode. Son groupe au Sénat n'était pas aligné, c'est le moins qu'on puisse dire, mais il a réussi à tenir tout ce petit monde en concerto avec Larcher, qui n'est pourtant pas sur la même ligne que lui* », vante un conseiller LR.

Cet apprentissage de l'art subtil de la conciliation va être déterminant dans sa construction. Parfois dans la douleur, chez cet homme arrimé à ses convictions. « *C'est tout à son honneur d'avoir des idées, mais il cherche trop à les imposer. Ça a parfois créé des tensions au groupe parce qu'il était trop autoritaire* », regrette un sénateur, qui pourtant l'apprécie. « *On a vu apparaître certaines de ses limites. Bruno commençait sa semaine villiériste et la finissait centriste. La droite n'a pas la majorité toute seule au Sénat, donc il a dû faire dix ans de négociation avec les centristes, c'était dur ! Il y a chez lui un tiraillement permanent entre l'officier de cavalerie, toujours prêt à partir sabre au clair, et le sénateur qui finit par faire des compromis. Ce n'est pas un dogmatique fermé, il a des convictions mais il est capable d'évoluer* », décrit un ténor LR, qui lui reconnaît une énorme force de travail.

On ne saurait mieux résumer Bruno Retailleau qui doit parfois, dans ses fonctions au Sénat, distribuer quelques coups de baguette aux récalcitrants et avaler de méchantes couleuvres. D'une politesse suave et d'une rondeur méconnue, il est aussi capable d'emportements. Si poli et bien élevé soit-il, Bruno Retailleau n'a rien d'un enfant de chœur. Son juron fétiche, lorsque les événements ne virent pas à son avantage ? *« Putain, merde ! »*

Nombre de témoins rapportent l'avoir déjà vu sortir de ses gonds. Ainsi de cette grosse colère lors des débats houleux sur le projet de loi sur l'immigration porté fin 2023 par Gérald Darmanin. Un texte sur lequel le sénateur Retailleau a sué sang et eau, réécrivant toute la copie du gouvernement pour la durcir considérablement. Un combat tripal, identitaire même à ses yeux, au point de perdre plusieurs kilos à force de nuits courtes. *« Bruno m'inquiète, il est trop maigre, il ne mange que des pommes ! Il devrait faire comme nous, s'avaler un bol de tripes »*, souffle un jour Gérard Larcher à Hervé Marseille.

Mais l'Assemblée n'entend pas se faire dicter sa loi par les Républicains du Sénat. Entre la macronie et la droite, la température grimpe dangereusement lorsque les députés annulent d'un trait de plume tout le travail de leurs collègues sénateurs. En réaction, les députés LR votent avec le Rassemblement national et la gauche une motion de rejet du texte, inédite, le 11 décembre 2023. Ce coup de Jarnac a failli, on le sait aujourd'hui, précipiter la dissolution, avec six mois d'avance. Face au blocage, Élisabeth Borne, qui joue sa peau[7], réunit les dirigeants LR à huis clos. La Première ministre, qui leur a déjà

7. Elle sera remplacée quelques jours plus tard à Matignon par Gabriel Attal.

fait des concessions – avec l'arrière-pensée que le Conseil constitutionnel les retoquera –, bute sur un point : pas question d'imposer un délai de carence de cinq ans sur le versement des aides au logement pour les étrangers arrivant en France. Retailleau en fait un point dur, une condition *sine qua non*, menaçant sinon de torpiller tout accord. L'Élysée doit se fendre de quelques coups de fil pour démêler cette situation qui s'envenime, au mépris de la séparation des pouvoirs. Conscient qu'il faut en finir, Éric Ciotti notamment tente de raisonner son bouillant collègue sénateur. Lors d'une réunion aux premières heures de la nuit, la cheffe du gouvernement et les chapeaux à plume de LR sont stupéfaits de voir Bruno Retailleau se fâcher, la fatigue aidant, fou de rage de devoir manger son chapeau. Jusqu'à prononcer des mots orduriers que la morale réprouve. « *Il a claqué la porte, furieux. Borne a été très surprise parce qu'elle pensait que c'était quelqu'un de policé* », relate un participant. « *Il y a deux personnes en Bruno*, analyse un vieil ami. *Il est brillant, affable, c'est une belle mécanique intellectuelle, mais il peut aussi se montrer très dur, hyper cassant et détruire quelqu'un par la parole.* »

Un ancien sénateur LR peut en témoigner. Proche de Dominique de Villepin, qui n'est pas le plus grand thuriféraire de Bruno Retailleau, tant s'en faut, Jean-Pierre Grand est ce qu'on appelle une forte tête. Lui aussi a des convictions et le gaullisme en bandoulière.

Après la présidentielle de 2017, cet ancien soutien d'Alain Juppé se présente comme un élu de droite « *constructif* » avec le nouveau pouvoir. Sans basculer, comme d'autres, dans le giron de la macronie. Deux ans plus tard, il est le seul sénateur LR à voter la confiance au Premier ministre Édouard Philippe, qui fut longtemps, il est vrai, le premier des juppéistes. C'est donc assez logiquement que Grand apporte son soutien à Emmanuel Macron dès le premier tour de la présidentielle de 2022, contre la candidate de sa famille politique, Valérie Pécresse.

Un crime de haute trahison pour Bruno Retailleau, qui le convoque au petit matin dans son bureau pour lui annoncer qu'il est exclu. Le rebelle rétorque que cette décision suppose de réunir au préalable les instances du groupe. Retailleau s'approche alors de lui, jusqu'à le toiser à quelques centimètres. Grand quitte la pièce et, à peine sorti, entend la porte claquer avec fracas derrière lui. Sommé de ne pas se présenter à la prochaine réunion du groupe, l'élu de l'Hérault ne l'entend pas de cette oreille. Lorsqu'il l'aperçoit dans la salle Médicis où sont rassemblés ses pairs, Retailleau lui commande de quitter les lieux séance tenante. L'excommunié s'exécute, non sans une dernière saillie : « *Ce qui nous séparera toujours, Bruno, c'est le gaullisme.* » « *Je n'ai pas eu de rupture avec le groupe. J'ai eu une rupture avec son président*[8] », livre aujourd'hui Jean-Pierre Grand.

8. Entretien avec l'auteure, 7 janvier 2025.

Cet homme au verbe haut brosse un portrait peu enjôleur de celui qui est devenu au printemps 2025 le patron des Républicains. « *Il a ses convictions, j'ai les miennes. Il est extrêmement conservateur, sectaire. Maintenant qu'il est au gouvernement, il polit son image. J'ai connu Retailleau le président de groupe, l'anti-Macron primaire qui, à chaque réunion, tapait vingt fois sur le président. Quand je le vois maintenant à la table du Conseil des ministres, avec François Bayrou comme Premier ministre, je me dis qu'on peut s'attendre à tout de lui.* » Entendre le Vendéen se revendiquer désormais du gaullisme le hérisse : « *C'est du blasphème !* » Dans la lettre de démission du groupe qu'il lui avait adressée le 28 juin 2022, Grand accusait ainsi l'ancien bras droit de Philippe de Villiers de « *faire de l'entrisme* » chez les Républicains pour faire infuser ses idées. « *Pouvons-nous oublier le rôle qui fut le vôtre en 2017 pour sauver la candidature de François Fillon contre toute évidence politique et morale ?* » achevait-il, assassin.

Les moquettes du palais du Luxembourg, dit la légende, sont rouges du sang que laissent les combats, pas si feutrés que cela.

*

Jamais il ne s'était autant avancé. En ce début octobre 2020, alors que le pays traverse un nouveau confinement, Bruno Retailleau dévoile clairement son ambition. Pour la première fois, il s'invite dans le club très sélect des présidentiables. « *J'ai des convictions, je les porte et je les défendrai. Ça veut dire que s'il faut être candidat, je le serai* », proclame-t-il au micro de Léa Salamé sur France Inter, auréolé de son titre de sénateur le mieux réélu au scrutin proportionnel quelques jours plus tôt.

Ses chances de s'imposer dans son camp, il le sait, sont fort modestes. Encore plombé par la débâcle de la campagne Fillon, il est toujours regardé par les siens comme un « *réac* », un « *bigot* », un tenant de la droite dure dont s'accommodent mal les chiraquiens et sarkozystes qui gardent la main haute sur l'appareil. Retailleau ne s'en cache pas, il ne les tient pas non plus en haute estime. Les Jacob, Ciotti, Baroin *and co* ? Des Thénardier qui ont confisqué le parti à leur seul profit, tempêtent ses proches. « *C'est la droite d'en haut, la droite de grand-papa, de l'entre-soi, la vieille droite* », mitraille le sénateur, tirant à l'arme lourde. Il n'a qu'une seule carte dans sa manche pour leur tordre le bras : imposer une primaire ouverte pour sélectionner celui qui fera face à Emmanuel Macron en 2022.

Méthodique, il rédige une note de six pages qui en détaille les contours : il préconise un scrutin à un seul tour, ou suivant le système du « vote préférentiel » inspiré du Canada où l'électeur sélectionne par ordre de préférence parmi une liste de noms. Ce vote, qui se tiendrait rapidement au printemps 2021 pour laisser au candidat désigné le temps de s'installer dans l'opinion, serait ouvert à tout citoyen sous réserve de parapher une « charte des valeurs » et de verser une obole de 5 euros. Ce mécanisme, argumente-t-il, empêcherait toutes déchirures entre les deux tours de la primaire, comme il y en eut en 2016 entre les équipes de Juppé et Fillon.

Son offre de service rencontre peu d'écho dans son camp, où beaucoup sont encore traumatisés par le crash de 2017 et penchent plutôt pour une primaire fermée, réservée aux seuls adhérents LR dûment encartés. « *On nous rabâche la tête avec la participation, la démocratie participative, les conventions citoyennes et nous, on refuserait de donner la parole à nos militants, à nos sympathisants ? Mais c'est ringard au possible !*[9] » fulmine-t-il, accusant les hiérarques des Républicains de trembler devant le peuple. « *La droite d'en bas en a marre des petits arrangements, des petits accommodements de la droite d'en haut !* »

À la vérité, les responsables LR cherchent surtout à gagner du temps, laissant la situation décanter pour voir si une tête émerge parmi les possibles candidats. Un autre obstacle, plus redoutable que la « nomenklatura » du parti, se dresse sur la route de Bruno Retailleau : sa courbe de notoriété. Que pèse le sénateur, fût-il une star à la Haute assemblée, face à d'anciens ministres ? En septembre 2020, il fait son entrée, timide, dans le baromètre Elabe pour Radio Classique et *Les Échos*, mais il n'émarge qu'à la 20e place auprès des sympathisants de droite avec 27 % d'avis positifs

9. Invité de Jean-Jacques Bourdin sur BFM TV et RMC le 1er octobre 2020.

(et 54 % de « sans opinion »). À mille lieues des Nicolas Sarkozy (81 %), Xavier Bertrand (63 %), François Baroin (59 %), Valérie Pécresse (56 %) et Rachida Dati (49 %) qui, tous, ont occupé des responsabilités au sein de l'exécutif[10]. L'ancien président, cruel, avait un jour rebaptisé son Premier ministre « Mister Nobody ». Pour Bruno Retailleau, la malédiction Fillon se poursuit. Quelques mois plus tard, il jette l'éponge et renonce à postuler à la primaire LR pour la présidentielle.

Dans son cercle amical, peu y croyaient vraiment. « *Je doutais de sa volonté d'aller au bout. Il a besoin, pour avancer, de se sentir légitime. C'est un tâcheron* », constate l'un. La fusée, qui ne demande qu'à décoller, reste une fois de plus sur le pas de tir. Amer, Retailleau se sent dans la peau de l'oracle qui voit le drame se profiler, sans être entendu. « *On est sur un toboggan. Éric Zemmour nous prend un morceau de notre petite banquise. On est formidable dans notre capacité à imaginer notre autodestruction*[11] », soupire-t-il dans les semaines qui suivent sa renonciation.

Dans la compétition interne qui oppose Valérie Pécresse, Éric Ciotti, Michel Barnier, Xavier

10. Le politologue Pascal Perrineau, dans une analyse passionnante publiée par *Le Figaro* après la nomination de Bruno Retailleau au ministère de l'Intérieur, dressait le constat suivant : il n'est entré dans le baromètre Kantar Public qu'en juillet 2020 et est resté plusieurs années en bas du classement des sondages. Il culminait ainsi à 5 % de cote d'avenir en moyenne sur l'année 2020, 7 % en 2022, 9,5 % en 2023 et entre 9 et 12 % sur les neuf premiers mois de l'année 2024.

11. Entretien avec l'auteure au Sénat.

Bertrand et Philippe Juvin, il se garde de prendre position. En sous-main, il considère avec bienveillance le Savoyard, rejoint par d'autres fillonistes. Il reconnaît à Michel Barnier, dans un trait d'esprit, *« une stature et une chevelure »*. La suite du film va se dérouler, à son grand désarroi, comme il l'avait prédit. Au terme de cette primaire en vase clos, où seuls les adhérents LR sont consultés, la présidente de la région Île-de-France l'emporte au second tour avec 61 % des voix, devant Éric Ciotti qui, sans avoir jamais été ministre, a accompli la performance de se qualifier en tête au premier tour. Désignée par un corps électoral restreint de 140 000 adhérents, Valérie Pécresse est privée de l'effet de souffle qui avait porté François Fillon avec les 4,4 millions de votants de la primaire de 2016. Investie tardivement, à quatre mois de la présidentielle, elle a à peine le temps d'installer sa campagne qu'elle est percutée par l'invasion russe en Ukraine, qui avantage mécaniquement le président sortant. Si bien que le parti récolte le pire score de son histoire, 4,8 %, moins que Zemmour (7 %). Après dix ans d'opposition, la droite se recroqueville dangereusement. Humiliation suprême, ses dépenses de campagne ne sont pas remboursées, creusant un peu plus la dette des Républicains, menacés de banqueroute. Comme il l'avait annoncé, Christian Jacob tire sa révérence après un mandat de près de trois ans au parti, salué pour avoir apaisé sa famille politique, malgré un bilan terni au *finish*. La droite va devoir se choisir un nouveau chef.

Que faire ? Postuler ou non à sa succession ? Durant l'été qui suit cette nouvelle campagne présidentielle de cauchemar, le chef des sénateurs LR hésite. Plusieurs de ses amis le dissuadent, telle la sénatrice de Loire-Atlantique Laurence Garnier, qui lui glisse un jour qu'elle le croise au palais du Luxembourg : « *Tu n'as que des coups à prendre ! Le parti est en état de mort cérébrale.* »

Un homme va venir à bout de ses tergiversations : Gérard Larcher. Il le convainc qu'il n'a pas le droit de se dérober. Au nom d'arrière-pensées peu catholiques, suspecte-t-on alors à droite. Quel meilleur moyen de se débarrasser de ce rival pour le « Plateau »[12] que d'agiter sous son nez un autre hochet ? Le sénateur des Yvelines, deuxième personnage de l'État, a une tout autre priorité en tête : il veut barrer la route à Éric Ciotti. Pas tant en raison de sa ligne droitière, pas si éloignée au fond de celle de Bruno Retailleau, que parce qu'il est le faux nez de Laurent Wauquiez. Le Maralpin et le Rhônalpin ont noué un pacte faustien : s'il gagne, Ciotti poussera le nom de Wauquiez auprès des militants et le fera désigner par acclamation comme candidat pour la présidentielle de 2027. Larcher s'est pris d'affection pour Retailleau, aussi. Certes, il ne partage pas toutes

12. Nom donné à la présidence du Sénat.

ses idées mais il le juge droit et réglo, qualités rares en politique. « *C'est un grand anxieux, Larcher. Bruno a tenu le groupe LR pendant qu'il gérait les centristes. Ce sont deux enracinés, deux gros bosseurs* », décrypte un proche du Vendéen. Très secrets sur l'amitié qui les lie, ces deux hommes si dissemblables partagent une passion pour le cheval, on l'a vu, et pour la chasse que l'ancien vétérinaire pratique dans son petit domaine de Rambouillet. Parfois, il convie son ami Retailleau à tenir le fusil. « *Bruno n'est pas super à l'aise dans cet exercice. Ce n'est pas un ripailleur. Il en arrive à être plus ascète que Nicolas Sarkozy !* » taquine un responsable LR, qui leur trouve à tous deux un petit côté « *Laurel et Hardy* ».

Va donc pour la bataille du parti. Retailleau se laisse tenter, certain de l'emporter car fort du soutien de 108 parlementaires, soit deux fois plus qu'Éric Ciotti et dix fois plus que le petit Poucet de la compétition, le député du Lot Aurélien Pradié, qu'il regarde un peu de haut[13]. Parti trop tard à force de doutes, il sous-estime la vague qui porte son rival des Alpes-Maritimes, dont l'audace va payer. Bénéficiant de sa percée lors de la primaire présidentielle et de ses propositions choc[14], Ciotti domine leur unique débat télévisé. Retailleau

13. « *Aurélien Pradié, c'est un petit cri existentiel dans le vide de la réflexion* », ironisait-il en novembre 2023 sur RTL. Le jeune homme ne lui a jamais pardonné.

14. Dans un entretien au *Point* en novembre 2021, il se prononçait pour un « *Guantanamo à la française* » où enfermer les détenus condamnés pour terrorisme islamiste ayant purgé leur peine.

n'a pas souhaité s'y préparer avec son équipe, où chacun se proposait de camper un personnage. Il déteste se mettre en scène et abhorre le conflit. Une fragilité récurrente chez cet homme qui manque parfois de répartie dans l'adversité. Et son passé sulfureux, toujours, le poursuit. « *On ne va pas laisser un ancien du MPF s'emparer de ce qui a été le RPR !* » tonne à l'époque un pilier des Républicains. « *Je n'ai pas soutenu Bruno car je considérais que c'était un transfuge de chez Villiers. J'aurais aimé qu'il gagne pour régénérer intellectuellement le parti, mais les esprits n'étaient pas mûrs* », regrette un élu devenu, depuis, l'un de ses plus fervents supporters. « *Beaucoup ont soutenu Ciotti parce qu'ils détestaient la droite catholique conservatrice de Bruno* », tranche un fidèle du Sudiste.

Peut-être manque-t-il aussi à Retailleau une once de roublardise. Au soir du premier tour de cette bagarre au couteau pour les commandes du parti, Ciotti vire en tête. La garde rapprochée du sénateur lui soumet alors une idée. « *Il faut dealer avec Pradié ! Propose-lui d'être ton numéro deux* », esquisse son directeur de campagne, l'élu des Yvelines Othman Nasrou. Avec ses 22,4 %, la forte tête est en situation d'être faiseur de roi. « *Ah non, on n'est pas sur la même ligne !* » écarte Retailleau, qui ne se voit pas s'encombrer d'un bras droit jugé incontrôlable. Nasrou poursuit : « *Tu lui promets et puis… tu ne le fais pas.* » Réplique immédiate du candidat : « *Jamais de la vie !* » « *Il a préféré perdre que mentir ou manipuler*, achève Othman Nasrou, pas très fier avec le recul de sa proposition. *Ce jour-là, il a gagné ma confiance*[15]. »

Éric Ciotti, plus joueur que lui, n'aura pas tant d'états d'âme. Après sa victoire à l'arraché avec 53,7 % des suffrages, il nomme le Lotois vice-président. Et le démet de ses fonctions trois mois plus tard au premier prétexte, quand Pradié se démarque de la ligne du parti sur la réforme des retraites. À la guerre comme à la guerre.

Voilà les Républicains de nouveau fracturés, après un second tour au verdict étriqué. Des mois durant, après cette nouvelle déconvenue qu'il n'a pas vue venir, Bruno Retailleau doute, perdu au milieu de nulle part, se cherchant un avenir dans un épais brouillard. *« Pour lui, c'était la défaite des intellos face aux pizzaïolos du Sud »*, lâche un stratège LR.

Un jour qu'il nous reçoit chez lui à Saint-Malô, on l'interroge : pourquoi ne semble-t-il pas dévoré, comme les autres, par le démon de la présidentielle ? Combien avant lui sont repartis au combat, après des défaites bien plus insurmontables ? Mitterrand, Chirac s'y sont bien repris à plusieurs fois pour accéder au sommet. Sarkozy aussi a surmonté sa traversée du désert après avoir été humilié aux européennes de 1999 par le tandem souverainiste Pasqua-Villiers. Les Français, au fond, aiment les personnalités politiques bardées de cicatrices, comme s'ils se plaisaient à les voir saigner. Blotti sur son canapé, Retailleau nous

15. Entretien avec l'auteure, 27 mai 2025.

avait fait cette réponse désarmante, comme s'il avait fini par intérioriser les critiques sur son style trop austère et son physique ascétique, si loin d'un Nicolas Sarkozy à la chemise trempée de sueur sur la scène de ses meetings : « *Je n'ai pas le morphotype.* » Omettant ce jour-là, tout à son spleen, une règle d'airain de la vie politique : la fonction fait l'homme.

6

L'obscur objet du désir

Ce rendez-vous ne figurait dans aucun agenda. Comme s'il valait mieux passer sous silence ce rapprochement inédit. Brigitte Macron reçoit de temps à autre, on le sait, des membres du gouvernement, toujours d'obédience macroniste et rattachés à son champ d'action, la protection de l'enfance. En cet automne 2024 qui voit la France entrer dans une cohabitation qui ne dit pas son nom, la *first lady*, réputée plus à droite que son mari, regarde-t-elle d'un si mauvais œil ces élus Les Républicains qui s'invitent au Conseil des ministres ? Elle a tenu à déjeuner avec l'épouse du nouveau Premier ministre, Isabelle Altmayer-Barnier, comme elle engagée dans des missions caritatives. Elle connaît bien, de même, Nicolas Daragon, maire LR de la cité de Valence où elle a inauguré sa deuxième école Live (L'Institut des vocations pour l'emploi) destinée aux adultes décrocheurs. Régulièrement, ils se retrouvent pour faire le point. Elle n'a qu'un regret : ne pas pouvoir se rendre aussi souvent à Valence que dans l'antenne Live de Clichy-sous-Bois. Alors quand Daragon est nommé ministre délégué à la Sécurité du quotidien, elle ne tarde pas à lui proposer de « traverser la rue », si l'on ose dire, qui sépare la place Beauvau de l'Élysée afin de partager un repas. Bon camarade, Daragon propose à son ministre de tutelle de se joindre à eux. Ainsi Bruno Retailleau se retrouve-t-il attablé avec l'épouse de ce président dont il a dit tant de mal. Nul doute que la première dame avait quelque curiosité à rencontrer la nouvelle star du gouvernement. De leur conversation, rien n'a fuité, sinon qu'il fut question des virulentes attaques misogynes qu'elle essuie sur les réseaux sociaux. Comment mieux illustrer l'idylle improbable qui unit en cette fin 2024 le « Torquemada » de la droite – l'un de ses surnoms au Sénat – au maître des horloges de l'Élysée ?

⋆

Quelques mois plus tôt, on retrouve Retailleau dans un restaurant de La Roche-sur-Yon. Il est d'humeur saumâtre. « *Il faut avoir le cœur bien accroché pour faire de la politique...* » se désole-t-il. Le chef de l'État vient de plonger une dague presque mortelle dans les flancs des Républicains, déjà fort mal en point, en débauchant dans le gouvernement du jeune Gabriel Attal l'une de leurs dernières vedettes : Rachida Dati. « *On entend le marteau taper sur le dernier clou, on n'attend plus que le croque-mort ! On n'a pas d'incarnation, pas d'espace politique* », se lamente un cadre du parti. Sorti essoré des débats sur le projet de loi immigration, inquiet que le Conseil constitutionnel ne détricote sa copie, le sénateur ne masque pas son mépris à l'endroit du chef de l'État, accusé de contribuer au naufrage politique français, sujet de nos échanges ce jour-là[1]. « *Macron, c'est l'antigaullisme ! De Gaulle incarnait le régalien, au sens historique, où le plus fort protège le plus faible. Lui c'est le plus fort protège les forts. Il hystérise la République* », pilonne-t-il. Défait dans la bataille du parti, au bas des cotes d'avenir, il ne se voit plus de destin. Pas même le « Plateau », que Gérard Larcher conserve jalousement. Pire, sa majorité au Sénat se fissure, le roué Hervé Marseille lorgnant vers la macronie. Même ses plus proches ne misent plus sur lui. « *Je ne croyais plus en la capacité de Bruno à émerger comme leader national*, avoue une importante figure de la droite. *Il était complètement dans un trou. Ses sondages étaient terrifiants. Il était à la traîne, aux derniers rangs. Quel que soit son discours, ça ne bougeait pas d'un pouce.* »

Retailleau paraît condamné alors à un succès d'estime. Ceux qui ont croisé sa route en ces années de vaches maigres ont perçu pourtant son instinct politique aiguisé. Au lendemain de la réélection d'Emmanuel Macron – un exploit hors cohabitation –, il dépeint la suite avec acuité. Ce « *président à bout de souffle* »,

1. Rencontre avec l'auteure le 12 janvier 2024, dans le cadre d'un précédent ouvrage, *Les Naufrageurs. Comment ils ont tué la politique* (Robert Laffont).

prophétise-t-il devant nous, entre dans « *un quinquennat impossible* ». Il n'aura pas les moyens de son action au Parlement et se retrouvera, au mieux, avec « *une majorité composite avec des personnalités aussi différentes que Marisol Touraine*[2] *ou Nicolas Sarkozy* ». Bien vu, à cela près que ce sera Élisabeth Borne et lui. S'agissant des comptes de la Nation, il dessine, clinique, ce que le président refusera obstinément de voir se profiler : le dépôt de bilan. « *L'inflation va grever le pouvoir d'achat. La croissance va chuter et faire baisser les rentrées fiscales. L'Europe va nous demander des comptes. Tout va être plus compliqué* », prédit-il dès 2022. Voici pourtant Bruno Retailleau encalminé au Sénat.

Rétrospectivement, il est permis de penser qu'une bonne étoile lui a alors barré la route du parti. Parmi les premières mesures qu'il promettait de mettre en œuvre, s'il devenait président des Républicains, figurait un référendum interne pour demander aux militants de trancher ce débat : « *Faut-il rejoindre la macronie ?* » La réponse, à coup sûr négative, lui aurait lié les mains. Lui, qui se dit si attaché à la souveraineté populaire, qui a toujours condamné le mépris du suffrage des électeurs après les référendums sur la Constitution européenne et l'aéroport de Notre-Dame-des-Landes, aurait-il osé braver le vote des adhérents ?

---

2. Ministre des Affaires sociales et de la Santé sous François Hollande de 2012 à 2017, elle a soutenu la campagne d'Emmanuel Macron en 2022, tout en restant encartée au PS.

À dire vrai, les Républicains ne veulent pas *« rejoindre »* Emmanuel Macron, ils veulent le soumettre. Ambitieux projet. Au mitan de ce second mandat qui prend l'eau, un stratège LR imagine un *« scénario Netflix »* pour contraindre le président à la cohabitation : il suffirait que les députés LR votent la censure sur le budget de l'État, entraînant mécaniquement son rejet et une dissolution de l'Assemblée. *« Il faut un choc politique ! »* énonce notre Machiavel. La suite du plan est cousue de fil blanc : au terme de législatives anticipées qui verraient la droite et la macronie pactiser pour ne pas se faire broyer dans les urnes par les extrêmes, le président du Sénat Gérard Larcher, en tant que plus haute autorité morale de sa famille politique, serait appelé à Matignon. Dans cette hypothèse, le nom de Bruno Retailleau circule pour un important ministère, la Justice.

Dans ce quinquennat de tous les possibles, les Républicains comme les macronistes savent qu'ils sont condamnés à s'entendre, mais chacun veut asservir l'autre. Et chacun possède l'arme nucléaire : la droite peut exécuter le gouvernement avec une motion de censure et le président, pulvériser l'hémicycle du Palais-Bourbon par la dissolution. Qui frappera le premier ? *« On est dans la situation d'avant Nagasaki, plus rien ne vole »*, frémit un habitué de l'Élysée. Peu après avoir dynamité l'Assemblée en juin 2024, Emmanuel Macron invoquera justement cette raison devant un visiteur issu de LR pour justifier sa suicidaire dissolution : « *Vous alliez me censurer sur le budget !* » Toujours garder la main.

Le scénario à la *Baron noir* esquissé par notre stratège de droite va finir, avec retard, par se réaliser, à quelques détails près. Voici les Républicains, tel Lazare ressuscitant d'entre les morts, de retour au pouvoir.

Ce dimanche 9 juin 2024 d'élections européennes à fort suspense, François Fillon est rivé à son téléviseur dans sa chambre d'hôtel de Dijon, où il est venu participer à un championnat de voitures anciennes au volant d'une rutilante Jaguar. Ce n'est pas la soirée électorale qui a ses faveurs, ni la compétition entre Jordan Bardella et la macroniste Valérie Hayer pour la première marche du podium, mais le Grand Prix de Formule 1 du Canada sur le circuit Gilles-Villeneuve détrempé par la pluie. Le Néerlandais Max Verstappen remportera-t-il sa sixième course de la saison ? Soudain, un bandeau s'affiche au bas de l'écran, annonçant la décision du président de dissoudre l'Assemblée. L'ancien Premier ministre, immédiatement, mesure la portée du séisme. Le lendemain, à l'aube, il appelle son ami Bruno Retailleau. « *Il faut y aller,* presse-t-il. *Mais pas au ministère de la Justice.* »

Aveuglés par la guigne qui leur colle à la peau, les Républicains ne perçoivent pas tout de suite le miracle qui vient de se produire par la foudre de Jupiter. Ils ne voient qu'un champ de ruines, là où germent déjà les graines de leur résurrection. À leur décharge, ils ont essuyé un nouveau coup presque fatal avec la trahison d'Éric Ciotti, rallié non sans fracas au RN, les laissant décapités et plongés dans les affres d'un Vaudeville judiciaire pour savoir qui gardera les clés du parti.

Le Vendéen se persuade lui-même qu'il n'y a plus d'autre solution que de céder les rênes du gouvernement au Nouveau Front populaire, son cauchemar personnel. Il va doucement évoluer dans la torpeur de l'été, au gré d'échanges avec des électeurs et représentants du patronat qui pressent la droite de ne pas laisser le pouvoir à une gauche associée aux Insoumis. *« Si on te propose de devenir ministre, tu fais quoi*[3] *? »* lui demande, l'air de rien, la présidente de la région des Pays de la Loire, Christelle Morançais. Ce n'est pas la première fois qu'elle sonde ses intentions. Son mutisme, cette fois, la frappe. On connaît la suite.

Quand Michel Barnier accède à Matignon, après une improbable litanie de noms – Lucie Castets, Thierry Beaudet, Laurence Tubiana, Bernard Cazeneuve, Xavier Bertrand, sans oublier l'inoubliable retour de *hype* d'Huguette Bello –, le sénateur se voit d'abord proposer la place Vendôme, idée du président. *« Bruno doit avoir un poster de trois mètres par quatre sur le "Mur des cons" ! »* écarte un proche, pas pressé de se frotter au Syndicat de la magistrature. Lucide, Retailleau refuse. Il s'imagine à Bercy, mais le poste dépend du

3. Favorable de longue date à une entente avec la macronie, Christelle Morançais a quitté Les Républicains en septembre 2022 et rejoint Édouard Philippe en février 2024. Au grand agacement, un temps, de Bruno Retailleau qui l'avait épaulée pour lui succéder à la tête de la région.

quota dévolu au parti présidentiel, Renaissance. Va donc pour la place Beauvau, dont il rêve tout autant depuis des années. Ministre, enfin !

⋆

À quoi songe-t-il en foulant les pavés de la cour d'honneur du ministère de l'Intérieur ce 23 septembre 2024, comme Charles Pasqua et Nicolas Sarkozy avant lui ? À son grand-père, peut-être, le jovial Paul Begein, qui l'avait gentiment taquiné lorsqu'il avait conquis son premier mandat de conseiller général : *« Tu es élu, moi charcutier, on a un point commun : on fait l'andouille ! »* Comme une invitation à ne jamais se prendre au sérieux.

La veille, Bruno Retailleau a fait le tour du propriétaire avec Gérald Darmanin, marri de ne pas être reconduit. Ils ont passé en revue les dossiers confidentiels et arpenté les spacieux appartements privés à vieux parquets et hauts plafonds, avec vue sur les jardins et leurs parterres de roses. *« Je vais déprimer tout seul là-dedans... »* souffle le nouveau locataire, dont l'épouse travaille en Vendée, en s'imaginant errant dans les couloirs les nuits d'insomnie. Il s'installera plutôt dans le petit appartement attenant.

On l'a quitté dans son bureau perchoir du Sénat, avec vue sur les arbres centenaires plantés sous Richelieu, on le retrouve inchangé dans le fauteuil du « premier flic de France », insensible, jure-t-il, aux ors du pouvoir. Lui, le sénateur habitué au temps suspendu de la Haute assemblée, se retrouve projeté dans des convois sous escorte lancés à vive allure, avec gyrophare et sirène deux-tons. Lui le « *terrien* », « *l'enraciné* » voit son quotidien bouleversé. Sa maison de Saint-Malô, son refuge, doit être protégée. Un jour, le plombier manque de se retrouver bloqué. Les officiers de sécurité ne comprennent pas qui est cet homme qui détient un double des clés.

Pour l'ancien casse-cou du Puy du Fou, cabossé par les revers de la vie, cette nouvelle mission est une renaissance, à 63 ans révolus. Mais il n'a guère l'opportunité de savourer cette tardive consécration. La veille de sa prise de poste, le corps martyrisé de Philippine, étudiante de 19 ans, a été découvert dans le bois de Boulogne, victime d'un ressortissant marocain déjà condamné pour viol et sous OQTF (obligation de quitter le territoire français). Le ministre fraîchement nommé va rédiger une lettre de sa main à ses parents, pour leur jurer qu'un tel drame ne se reproduira pas.

Le portrait de la jeune femme est posé depuis, près de lui, dans son bureau de Beauvau. La décoration en est des plus sommaires. Qui sait combien de temps il restera avant que le RN ne fasse tomber le couperet de la censure ? Sur la cheminée, un cliché du mariage de sa fille Charlotte. Au mur derrière lui, les portraits de ses deux guides, si différents, les Vendéens Georges Clemenceau et Jean de Lattre de Tassigny. « *Le bouffeur de curé et l'aristocrate qui signa l'acte de capitulation de l'Allemagne nazie* », détaille-t-il. Face à lui, deux tableaux prêtés par son ami galeriste Alain Margaron :

un René Laubiès épuré aux teintes mandarine, ode au dépouillement, et une toile d'Anselme Boix-Vives foisonnante de couleurs. Jamais, confie le nouveau maître des lieux, comme grisé, il ne s'est senti aussi « *aligné* ». Il a senti presque physiquement, explique-t-il, le costume se mouler sur ses épaules, comme s'il avait toujours occupé cette charge, lors de son discours de passation de pouvoir, où il s'est assigné cette mission martiale : « *rétablir l'ordre, rétablir l'ordre, rétablir l'ordre* ». « *Je le vis comme un aboutissement, la condensation d'un parcours politique qui se cristallise. Un alignement extraordinaire entre des convictions, des paroles et des actes*[4]. »

La pompe républicaine ne laisse pas de l'étonner, comme la révérence qui précède désormais chacun de ses pas. « *J'ai encore du mal quand on me donne du "Monsieur le ministre", quand on se met au garde-à-vous.* » Est-il heureux, au moins ? « *Oui. Ça ne se sent pas ?* » Le jour de sa première grande réunion avec les préfets, il interpelle son directeur de cabinet, le filloniste Franck Robine : « *Tu sais que j'ai toujours rêvé d'être préfet ?* » « *Bruno, tu es le patron des préfets maintenant !* » reprend son bras droit. Peu à cheval sur le protocole, il décroche parfois son portable pour appeler tel ou tel préfet, au débotté. De quoi faire frémir ces grands serviteurs de l'État. « *Je leur fais peur ?* » s'étonne-t-il devant Robine. Qui le rappelle à l'étendue de ses nouveaux pouvoirs : « *Tous*

4. Entretien avec l'auteure, 8 décembre 2024.

les mercredis, en Conseil des ministres, tu peux rayer leur nom... »

Bruno Retailleau prend peu à peu la mesure de la puissance de ce ministère régalien si convoité. « *C'est extraordinaire, ces 310 000 collaborateurs. Ils s'engagent pour l'État, pour servir la France. J'essaie de leur rappeler le sens de l'action. C'est une armée énorme qui est en train de se relever !* » Vertige du pouvoir.

Lui le « petit chose de la droite », longtemps regardé de haut, peut aussi choisir ses médias. Agacé par sa première interview au journal télévisé de 20 heures sur France 2 – pugnace, Anne-Sophie Lapix l'avait beaucoup interrompu –, il se permet de snober France Télévisions qui le sollicite à nouveau. Et fait répondre que la présentatrice n'aura qu'à faire l'interview toute seule en plateau ! Comme si, tout à ses hautes fonctions, il ne tolérait plus la contradiction et préférait le confort de chaînes plus conciliantes. « *S'il veut devenir un jour président, il ne pourra pas se contenter d'Europe 1 et CNews* », sermonne une figure de LR.

Tout à son bonheur de piloter un bolide si puissant, il renvoie, à tort ou à raison, une image d'exaltation. « *Il est dans la jouissance ! Il me fait penser à Claude Guéant*[5] *quand il a été nommé à Beauvau. Ces sexagénaires qui n'ont jamais été ministres vivent leur meilleure vie, comme s'ils avaient gagné au Loto* », éreinte un élu LR. « *Le seul endroit au gouvernement où on n'a pas le droit de*

5. L'ancien secrétaire général de l'Élysée sous Nicolas Sarkozy a été ministre de l'Intérieur en 2011-2012.

jubiler, c'est le ministère de l'Intérieur. Il faut de la gravitas ! » déplore un autre.

Depuis sa promotion dans ce « job » réputé impossible, tant par ses horaires effrayants que parce que la mort rôde, une puissante adrénaline lui coule dans les veines. Il est comme dopé par la tâche, porté par la foi des nouveaux convertis, *« en mission »* comme il dit. Engagé dans une croisade contre ce qu'il appelle *« les cercles de feu »*, dans un registre lexical tout messianique, il pense pouvoir enfin affronter le mal à armes égales, le regarder droit dans les yeux. *« Il ne faut pas qu'il monte trop dans les tours, car on va droit à l'incident. C'est la brigade de nuit au clair de lune !* s'inquiète un pilier du « socle commun », en découvrant ses premiers pas. *Au prochain refus d'obtempérer, les flics vont tirer à tout-va...* »

Il y a chez Retailleau, lecteur des thèses d'Hannah Arendt sur la « banalité du mal », une forme de fascination pour la part sombre qui consume tout être. Chaque jour, il a droit au petit musée des horreurs de l'âme humaine, cette *« chronique devenue banale des faits abominables »*, selon son mot. Cette confrontation avec la *« part ténébreuse »* est le grand choc de son arrivée à Beauvau. Il raconte ces vidéos dantesques d'adolescents de 13-14 ans torturés dans des caves à Marseille, sur fond de règlement de comptes entre *« narco-racailles »*. Ou ce patron de la Tech spécialiste en cryptomonnaie, enlevé contre demande de rançon, dont le petit doigt a été cisaillé à la pince russe et qui a failli finir avec un genou perforé à la perceuse. Il récite, de tête, Alexandre Soljenitsyne dans *L'Archipel du goulag* : « *J'ai découvert que la ligne de partage entre le bien et le mal ne sépare ni les États, ni les classes, ni les partis, mais qu'elle traverse le cœur de chaque homme et de toute l'humanité*[6]. » Hypnotisé d'abord par les synthèses des crimes et délits qui dégoulinent nuit et jour sur son portable crypté, il a fini par demander à ses collaborateurs de l'en préserver. Car, parfois, sur son visage défait à l'aube, ils pouvaient lire toute la laideur du monde.

C'est aussi l'heure où il pense encore pouvoir tout changer par la magie du verbe. « *Les mots justes trouvés au bon moment sont de l'action* », énonce-t-il. Arendt, encore. Son « *parler vrai* », sa « *sincérité* », spécule-t-il, suffiront à lui offrir un bilan. Il liste, comme on prépare Noël, les victoires qu'il espère engranger : la transformation de l'aide médicale d'État en aide d'urgence, le rétablissement du délit de séjour irrégulier, l'instauration d'un délai de carence pour le versement des aides sociales aux étrangers arrivant en France, l'allongement de la durée de rétention pour les clandestins dangereux bien sûr, en mémoire de Philippine, et pourquoi pas un référendum sur les questions migratoires.

Il sait, pourtant, que ses ailes sont rognées, qu'il va se heurter à « *l'impossibilisme* », son grand combat. Il n'a qu'un regret : ne pas appartenir

6. Seuil, 1974.

à un gouvernement doté d'une majorité solide. Comment, dans ces conditions, se prévaloir d'un bilan le jour où il quittera son poste ? « *Il restera comme le Tartarin de la macronie, celui qui aura clamé, clamé* », persifle l'un de ses rivaux à droite. Cet empêchement parlementaire, il s'y est préparé avant sa nomination. À défaut de pouvoir faire, il faut faire savoir. Il doit frapper vite et fort pour s'installer dans l'opinion et décrocher un totem d'immunité dans les sondages. Il sait que le Rassemblement national ne le laissera pas longtemps gambader. « *Tu dois bastonner tout de suite ! Tu vas te faire pulvériser par la gauche et les macronistes, mais tu auras le pays avec toi et tu seras intouchable* », lui intime un stratège. Si onctueux qu'il soit, Bruno Retailleau ne sera pas un ministre soumis. Il va monter le volume, s'adresser directement aux Français, cette « *majorité silencieuse* » chère au général de Gaulle. Et tant pis, dit-il, s'il heurte les « *bien-pensants* » et adeptes du « *volapük* », cette novlangue technocratique dont se délecte la macronie.

D'emblée, il frappe les esprits, quitte à choquer, multipliant les clins d'œil parfaitement assumés aux électeurs de Jordan Bardella et Éric Ciotti au premier tour des législatives de l'été 2024. « *Comme des millions de Français, je pense que l'immigration n'est pas une chance*[7] », entame-t-il une semaine après sa nomination. « *L'État de droit, ce n'est pas intangible, ni sacré* »,

7. Entretien avec Darius Rochebin sur LCI, 29 septembre 2024.

enchaîne-t-il dans la foulée[8], contraignant le Premier ministre Michel Barnier à lui demander de calmer le jeu face au tollé. « *Je m'en fiche* », évacue-t-il dans le Falcon qui l'emmène à son premier sommet du G7 en Campanie, en Italie. Où il ne se prive pas de saluer l'action en matière migratoire de la très conservatrice Giorgia Meloni, présidente du parti postfaciste Fratelli d'Italia. « *Aucun tabou !* » sourit-il, lancé à pleine vitesse. D'autant qu'il est encouragé au sommet de l'État.

★

Venons-en au plat de résistance : quel regard porte donc Emmanuel Macron sur ce drôle d'oiseau, ce coucou qui s'est faufilé dans son nid ? Parviendra-t-il à le séduire, lui aussi ? Gérard Larcher a mis en garde son ami sénateur. Il s'est fait piéger en son temps par l'envoûteur de l'Élysée, qui le recevait avec tous les honneurs de la garde républicaine, avant de tourner casaque. « *Il charme les gens et les utilise* », serinent ceux qui se sont fait duper au nouveau ministre, pour le déniaiser sur ce président insaisissable. « *Macron reste radioactif !* » lui répète-t-on à droite. Il ne faudrait pas s'acoquiner à l'excès avec lui, se laisser griser par le grand frisson des Conseils de défense confidentiels dans le « PC Jupiter », privilège des ministres régaliens.

Quand il se retrouve dans le bureau du président à l'Élysée pour leur premier tête-à-tête un mois pile

8. Entretien au *JDD*, 30 septembre 2024.

après son entrée au gouvernement, Bruno Retailleau s'attend à une discussion possiblement complexe sur plusieurs nominations clés. Dissolution aidant, les nouveaux patrons de la police et de la gendarmerie n'ont pu être choisis depuis des mois. En quittant Beauvau, Gérald Darmanin a laissé ses desiderata. Son successeur, qui n'entend pas qu'on lui dicte sa conduite, reprend le casting à zéro et atterrit, avec Michel Barnier, sur deux noms. À son vif étonnement, le président approuve. Mieux, il avait les mêmes noms en tête[9]. En dix minutes, l'affaire est réglée. Le patron de Beauvau déroule en détail sa feuille de route sur le narcotrafic, l'entrisme islamiste, l'immigration, dossier sur lequel se profile un important Conseil européen pour réformer ce qu'il appelle, ironiquement, *« la directive de non-retour »*. Il ne saurait, à l'échelon européen, se priver de l'aval du chef de l'État. Qui lui démontre, à son tour, qu'il est très au fait des dossiers. Le ministre découvre, face à lui, une machine de guerre d'une précision chirurgicale. Or, loin de le dissuader ou de l'inviter à ralentir la cadence, il croit comprendre qu'Emmanuel Macron l'encourage, y compris sur le volet migratoire, en deux mots : *« Allez-y ! »* Quelques jours plus tôt, il l'a pourtant contredit publiquement après ses propos sur l'immigration, les jugeant *« résolument en contradiction avec la réalité »* et citant l'apport à la France d'un Charles Aznavour et d'une Marie Curie.

9. Louis Laugier et Hubert Bonneau seront respectivement nommés DGPN et DGGN.

Bruno Retailleau est un homme qui a le sens de l'État. Et, quand on a le sens de l'État, on respecte le chef de l'État. Sinon l'homme, du moins la fonction. Ces deux animaux politiques si différents savent qu'ils auront, nécessairement, une relation privilégiée. Il y a si peu d'oxygène au sommet du pouvoir, les risques sont tels que cela soude mécaniquement. *« Le régalien, c'est l'État, donc on doit s'obliger, pour ce qui concerne les grandes affaires de l'État, à dépasser les choses »*, avance le ministre de l'Intérieur. Le président va s'apercevoir, à l'usage, que cet homme dont il ne partage pas du tout les options est plus fiable qu'il le supposait. De là à imaginer qu'ils partagent un verre de la paix autour d'une rasade de Lagavulin, whisky favori de l'hôte de l'Élysée, comme le faisait Gérald Darmanin en voisin, certainement pas. Tout bluffé qu'il soit par la force de frappe de ce président pour lequel il n'a pas voté[10], Bruno Retailleau n'a pas viré macroniste.

Ils ont, pour pimenter l'affaire, un sujet d'étonnement commun : Philippe de Villiers. Tous deux ont été confrontés à son courroux. En ont-ils parlé lors de leur entrevue ? Nulles confidences ce jour-là, ils se sont surtout jaugés. Et pas déplu, c'est déjà ça. Parfois, quand la situation sécuritaire l'impose, ils échangent des SMS, souvent tard la nuit ou aux aurores.

10. Au second tour de la présidentielle de 2022, qui opposait Emmanuel Macron à Marine Le Pen, Bruno Retailleau a voté blanc, considérant que *« la droite n'est pas soluble dans le macronisme »*.

Leurs horaires sont assez proches, le ministre un rien plus matinal.

Jupiter non plus ne s'est pas soudain pris d'affection pour ce « ventre à choux », comme se surnomment entre eux les Vendéens. Retailleau ? *« C'est Sarah Palin ! »* se gausse-t-on au Château, en référence à l'égérie conservatrice américaine du Tea Party. Ainsi se noue par petites touches une relation insolite, faite de prudence polie. *« Macron ne le connaissait pas et a été agréablement surpris de voir quelqu'un de bosseur, réglo et fiable »*, assure un ancien ministre. Comme dit un macroniste émérite, qui s'est pris d'amitié pour le sénateur : *« Macron respecte l'intelligence. »*

Ce tango improbable a le don d'agacer chez Les Républicains, dont certains se demandent si le Vendéen n'est pas en train de se faire marabouter. *« Sarkozy emmerdait Chirac matin, midi et soir, et même entre les deux ! Bruno, on dirait qu'ils lui ont mis du Théralène*[11] *dans son café ! »* grommelle une haute figure de LR. Quand des ténors de la droite, David Lisnard et Jean-François Copé, appelleront à la démission du président, Bruno Retailleau s'inscrira en faux. Les temps sont si périlleux que ce n'est, à ses yeux, tout simplement pas responsable.

Cette idylle se poursuit lorsque le ministre de l'Intérieur est convié par la Présidence à son premier

11. Médicament antihistaminique qui possède des vertus sédatives et hypnotiques.

« VO » – voyage officiel dans le jargon – au Maroc. Habile, il a demandé à Nicolas Sarkozy, attendu sur place quelques jours avant, de glisser un mot au roi Mohammed VI pour lui signifier qu'il arrive en ami. Durant le voyage, Bruno Retailleau a droit à de discrètes marques de confiance. Peu avant l'intervention du président devant le Parlement marocain, les conseillers de l'Élysée sollicitent son avis sur un passage précis du discours. Il muscle un peu, rature, complète. Et quand Emmanuel Macron prononce dans l'hémicycle le passage en question, le ministre constate avec étonnement qu'il a conservé ses amendements. Tout à sa découverte de cette machinerie diplomatique très codifiée, Retailleau feint d'ignorer que seul le président a vocation, dans ces déplacements, à porter la voix de la France. Et obtient une entorse à la règle : une conférence de presse commune avec son homologue marocain.

La visite d'État, qui scelle la réconciliation entre les deux pays, est un vif succès. Tout se déroule pour le mieux quand le ministre de l'Intérieur est mis en garde par l'un de ses proches, resté à Paris. Alerte rouge ! Le ministre des Armées, également du voyage, vient de se faire piéger. Des images de Sébastien Lecornu donnant l'accolade à l'humoriste franco-marocain Yassine Belattar tournent en boucle sur les chaînes info. Belattar ? Jamais Bruno Retailleau n'a vu son nom sur la liste pléthorique des 120 invités de la délégation française ! Le président, qui s'est entiché de ce jeune homme sulfureux, l'aura invité de son propre chef. L'homme de Beauvau passe la consigne à son officier de sécurité : regarder la photo de l'intrigant et faire en sorte d'éviter de le croiser. La polémique sur la présence de Belattar, en jogging et baskets face à Mohammed VI, va cannibaliser la visite.

Bruno Retailleau comprend alors qu'il y a deux Emmanuel Macron : le président monarque qui cherche à combler symboliquement le siège laissé vacant par le roi décapité et l'homme qui affectionne les personnalités *borderline*. Celui qui soigne sa légende et le provocateur. Acéré dans les crises et capable, par temps calme, de s'afficher avec les youtubeurs McFly et Carlito.

Pour l'heure, le président le cajole. Retailleau a la surprise d'entendre, çà et là, des échos faisant part du vif intérêt qu'il lui porte. « *Macron l'adore ! Il daube sur tout le monde, sauf sur lui. Il se dit qu'il aurait dû le mettre à Matignon à la place de Gabriel Attal* », susurre un initié. Cela aurait, peut-être, épargné le naufrage de la dissolution. Les ministres macronistes, aussi, se prennent d'affection pour le petit nouveau : la porte-parole Maud Bregeon, le ministre de la Fonction publique Guillaume Kasbarian, la présidente de l'Assemblée Yaël Braun-Pivet, la ministre du Travail Astrid Panosyan fraternisent avec lui. Il le leur rend bien. « *Astrid est fine, intelligente, je l'aime beaucoup* », salue-t-il, entre autres. À l'aile droite de Renaissance, les députés du groupe « Solféri-No » n'ont d'yeux que pour lui. Bruno Retailleau serait-il le dauphin qu'on n'a pas vu venir, celui que le président pourrait, contre toute attente, adouber ? Le grand remplaçant ? Le sénateur vendéen, en clair, a-t-il digéré le macronisme ou a-t-il été aspiré dedans ? Ce n'est pas la première fois que le président le convoite, plus ou moins directement. Durant la crise des Gilets jaunes, un visiteur s'était présenté à l'accueil du Sénat pour solliciter un rendez-vous. L'avocat François Sureau, qui a ses entrées au palais présidentiel, voulait sonder ses intentions. Accepterait-il le poste de ministre de l'Intérieur ? Sans suite.

Quand Michel Barnier finit, plus vite qu'il ne s'y attendait, par chuter sur la deuxième motion de censure votée depuis 1958, le président fait comprendre à l'homme de Beauvau, tout en finesse, qu'il souhaite le voir rester. Devant des élus de son ancienne majorité, le chef de l'État a cette formule macroniste en diable : *« Il faut qu'on garde Retailleau, c'est un relais de croissance. »*

En ce mois de décembre 2024 qui voit la France repartir dans un cycle de folles spéculations sur le nom du futur locataire de Matignon, le Vendéen est plutôt serein. Il ne s'inquiète pas tant de savoir si on va chercher à l'éjecter que d'une configuration qui l'empêcherait, lui, de rester. Un Premier ministre venu des rangs de la gauche le contraindrait à sortir, quoiqu'il apprécie grandement Bernard Cazeneuve, entre autres noms cités. Aura-t-il encore les moyens de sa politique, ou la nécessité d'acheter la neutralité du Parti socialiste lui ligotera-t-elle les mains ? Et pourquoi pas lui à Matignon, d'ailleurs ? Après le vote de la censure, Bruno Retailleau a soufflé au président qu'il ne fallait pas choisir quelqu'un de trop proche de lui, pour ne pas l'exposer. D'aucuns en ont déduit qu'il s'y verrait bien. Osé et, pour tout dire, impossible. Le gouvernement ne tiendrait pas trois jours avant d'être envoyé par le fond par la gauche, le RN et une partie de Renaissance, sauf à aller chercher les « modérés » du RN et les députés ciottistes. Impensable.

L'affaire Matignon va se jouer sur un énorme coup de bluff quand François Bayrou s'impose au président en menaçant, s'il ne le nomme pas, de saborder le fragile « socle commun ». À droite, une méchante blague circule : *« C'est la deuxième fois que Bayrou gifle un gamin*[12] *! »* La France entre dans une étrange cohabitation, où l'Élysée et Matignon se regardent en chiens de faïence et où rien n'avance. Bruno Retailleau sait qu'il joue gros. L'électorat de droite vomit le centriste depuis qu'il a trahi Nicolas Sarkozy, d'abord, en soutenant Ségolène Royal et François Hollande, puis François Fillon en ralliant le candidat Macron. L'ancien président, qui n'a pu empêcher sa promotion à Matignon, ne décolère pas. *« Il faut que Bruno fasse attention. Il bénéficie d'une présomption de sincérité très forte sur ses convictions. Il ne faudrait pas qu'il donne l'impression de vouloir rester à tout prix parce que la soupe est bonne, dans une sorte de centrisme mou. Il n'a pas envie de*

12. Allusion à la gifle qu'il avait donnée à un enfant qui lui faisait les poches durant la campagne présidentielle de 2002.

partir maintenant, parce qu'il n'a pas assez imprimé. La droite est dans l'opposition depuis douze ans, ils veulent le gyrophare et les pimpons », s'inquiète un de ses soutiens. Si périlleuse soit-elle, Retailleau traverse pourtant cette période sur un nuage. Au pire des négociations sur les postes ministériels, son portable crépite non-stop. Tantôt Gérard Larcher, son impresario en chef, qui défend ses intérêts avec férocité ; tantôt le directeur de cabinet du nouveau Premier ministre, qui s'assure que telle nomination est compatible avec lui. Entre deux échanges, le ministre de l'Intérieur démissionnaire, selon l'expression consacrée, s'amuse à faire tourner son équipe en bourrique. « *Ils annoncent Mélenchon à Bercy !* » feint-il de s'affoler, la moue réprobatrice, les yeux levés au ciel. Plus tard, faussement estomaqué : « *Bon, ce serait Sandrine Rousseau à la Défense...* » Fous rires dans son bureau à Beauvau.

Reste que le voici en terrain bien plus hostile qu'avec Michel Barnier, dans une équipe qui penche plus à gauche et ne tient que par la grâce d'un « *accord de non-censure* » avec le PS – néologisme barbare qui en dit long sur la complexité de la situation. Si Retailleau est aussi serein, c'est qu'il a obtenu des garanties, du moins ce qui s'y apparente.

François Bayrou l'a reçu le premier, avant tous les autres leaders politiques, pour négocier son maintien en fonction. Ils ne se connaissaient guère. Le ministre découvre avec plaisir un homme avec qui il a beaucoup en commun. Ensemble, pendant plus d'une heure, ils parlent littérature, découvrent qu'ils sont tous deux des lecteurs assidus de la philosophe Simone Weil et de Charles Péguy. Mieux, le maire de Pau, un rural comme lui, voue une passion au cheval. Ils sont tous deux croyants et pratiquants, enfin. Au fond, songe Bruno Retailleau en quittant Matignon, ce François Bayrou penche plus à droite qu'il ne veut bien l'avouer. Duplicité ? À la première entourloupe, au premier virage trop serré à gauche, il a été clair : ce sera sans lui ! Pas question, en particulier, de recruter au gouvernement des élus du NFP qui ont voté la censure. Bayrou le lui promet : « *Ce ne sera pas la gauche de parti.* » Pas question, de même, d'enterrer la réforme des retraites pour s'acheter à bon compte la bienveillance du PS. Lors de leur entretien privé, Retailleau lui remet une note de deux pages détaillant ses objectifs et lignes rouges, précisant à toutes fins utiles : « *Mes convictions ne sont pas à vendre pour un maroquin, j'y tiens.* »

Au soir de l'annonce du gouvernement, le ministre de l'Intérieur s'en sort avec les honneurs. Reconduit à son poste, il récupère le rang de ministre d'État. Moins réjouissant, il est devancé dans l'ordre protocolaire, ancienneté en poste oblige, par l'ancienne Première ministre Élisabeth Borne (nommée à l'Éducation), femme de gauche qui ne le porte pas dans son cœur, et par Gérald Darmanin, de retour au pouvoir et promu place Vendôme. Leur tandem police-justice est le plus à droite depuis Charles Pasqua et Albin Chalandon en 1986-1988, mais il s'annonce mouvementé.

Dès ses premières interventions médiatiques, l'élu de Tourcoing, qui songe lui aussi à la présidentielle, signifie qu'il va falloir lui faire de la place, et pas qu'un peu, sur le champ régalien. Retailleau va devoir partager l'affiche avec ce remuant partenaire qui, de surcroît, obtient de récupérer un logement de fonction, qui dépend du secrétariat général du gouvernement, dans le giron de Beauvau. Celui de Vendôme est trop petit pour abriter sa famille. Les voici donc colocataires…

Dans ce gouvernement qui compte quelques poids lourds et chevaux de retour, les choses se corsent donc quelque peu. Bruno Retailleau ne donne pas cher, du reste, de ce gouvernement qu'il ne voit tenir que quelques mois. Mais le président, toujours, le couve. Quand François Bayrou rate magistralement son entrée en fonction en préférant se rendre en Falcon au conseil municipal de Pau plutôt que sur l'île de Mayotte, dévastée par le cyclone Chido, Emmanuel Macron voit rouge.

Ceux qui ont participé, dans le PC de crise de Beauvau, à l'improbable réunion d'urgence autour du président, avec le Premier ministre en visioconférence depuis les Pyrénées-Atlantiques, ne s'en sont pas remis. Retailleau s'étant envolé en urgence, lui, pour Mamoudzou, c'est Nicolas Daragon qui accueille Emmanuel Macron au ministère de l'Intérieur. Tout le monde se lève en le voyant entrer, liturgie républicaine oblige. Les ministres concernés sont tous présents. Soudain, ils aperçoivent à l'écran le crâne de François Bayrou, filmé de haut, comme écrasé. Le président lui cède la parole. Le nouveau Premier ministre, tout juste nommé, se contente de généralités. Illico, des participants pianotent sur leur portable quelques moqueries : *« Ma grand-mère est plus au courant de la situation et elle est morte depuis dix ans ! »* Puis Emmanuel Macron entame son propos, déroulant son plan de bataille avec une précision qui bluffe, autour de la table, les nouveaux venus. En « visio » depuis La Réunion, Bruno Retailleau, en bras de chemise et le visage rougi par la chaleur, dresse un point de situation. Soudain, écran noir, François Bayrou disparaît. Sur un téléviseur qui retransmet les chaînes info, les ministres et conseillers découvrent, sidérés, que le conseil municipal de Pau vient de démarrer…

Au sortir de la réunion, le président s'entretient avec le cabinet du ministre de l'Intérieur, qui attend son feu vert pour donner sur place une conférence de presse. Et lance, suffisamment fort pour être entendu : *« Dites bien à votre ministre de monter le son parce que l'État a besoin d'être représenté. Et il ne l'est pas à Pau. »* Le lendemain, Bruno Retailleau signifie au nouveau chef du gouvernement qu'il ne compte pas mettre ses idées dans sa poche, en publiant sur le réseau social X un message incendiaire : *« On ne pourra pas reconstruire Mayotte sans traiter, avec la plus grande détermination, la question migratoire. »* Colère à gauche, où le socialiste Olivier Faure le qualifie *d'« obsessionnel indécent et inconséquent* ». Le ministre sait très bien ce qu'il fait : alors que les tractations pour former le gouvernement sont encore en cours, il veut empêcher la balance de partir à gauche et réaffirmer qu'il ne met pas un mouchoir sur ses idées. Le président, pense-t-il, est sur sa ligne. Durant la réunion de crise à huis clos, Macron a clairement signifié que la reconstruction de l'île devrait tenir compte de l'immigration clandestine et ne pas créer un nouvel appel d'air.

Entre le président et son Premier ministre, l'ambiance va peu à peu devenir polaire. Au point que la presse se fait état d'un discret dîner au Palais courant janvier 2025 entre Emmanuel Macron, Sébastien Lecornu et Bruno Retailleau[13]. Comme s'il s'agissait, déjà, de préparer un plan B pour propulser le ministre des Armées à Matignon. Entre membres du gouvernement, on se raconte sous le manteau les petites humiliations que le chef de l'État inflige au centriste en Conseil des ministres. Un jour qu'il achève son propos liminaire, Macron demande à Bayrou, par pure politesse, s'il souhaite dire un mot. Ce sera plutôt trois. Le Premier ministre se lance dans un long exposé, mais s'agace de voir le président échanger des petits papiers avec les huissiers et griffonner quelques mots, comme s'il ne l'écoutait pas. François Bayrou s'interrompt ostensiblement. *« Reprenez, Monsieur le Premier ministre ! »* intime Emmanuel Macron.

13. Dans *La Tribune Dimanche*, 20 janvier 2025.

Bayrou marque un blanc, hésite, puis reprend : *« Je ne sais plus où j'en étais... »*

Avec Bruno Retailleau aussi, l'idylle n'aura qu'un temps. La crise diplomatique avec l'Algérie et, surtout, son élection à la tête des Républicains vont plomber la relation. Tout à sa volonté de faire « la rupture de l'Intérieur », le Vendéen hausse le ton, endossant à dessein le rôle de l'impertinent au gouvernement. Jusqu'à claironner à l'été 2025 dans *Valeurs actuelles* que « le macronisme s'achèvera avec Emmanuel Macron ». Crime de lèse-majesté ! Le président, qui a joué ce petit jeu du temps où il était ministre de François Hollande, décommande un entretien en tête-à-tête avec l'homme de Beauvau. Il ne lui fera pas le cadeau de le hisser à son niveau. À malin, malin et demi. À droite, un homme attend de voir si Retailleau y laissera son costume de présidentiable : Laurent Wauquiez.

7

L'adversaire

Les images du mont Mézenc en disent long sur son rapport contrarié, presque féminin, à l'ambition. Contrairement à nombre de ses comparses en politique pour qui toute bataille mérite d'être tentée, Bruno Retailleau ne peut partir à l'assaut d'un poste, d'une mission que s'il se sent légitime, encouragé, porté. Sinon, il préfère prudemment s'effacer. En cette fin août 2024 qui suit l'improbable dissolution, il a abandonné, à force d'obstacles dressés sur sa route, tout rêve de promotion. Sénateur il est, sénateur il restera. Pour la première fois, il se résigne à participer à la rentrée politique de Laurent Wauquiez qui, tous les ans, gravit ce sommet niché entre la Haute-Loire et l'Ardèche, comme François Mitterrand en son temps la Roche de Solutré. Façon de se ranger ostensiblement derrière son cadet qui apparaît alors comme l'un des rares leaders crédibles dans leur camp pour 2027, le seul qui partage ses idées.

Dans l'esprit de Laurent Wauquiez, cette journée d'ascension doit constituer le premier acte de sa conquête du pouvoir, après cinq ans de purgatoire à faire oublier dans sa région Auvergne-Rhône-Alpes son humiliante démission passée de la tête des Républicains. Le voici de retour en grâce à la faveur des législatives anticipées, qui l'ont propulsé chef des députés LR. Son plan : s'emparer du parti, ensuite du pays.

Sur les clichés immortalisant leurs retrouvailles, Bruno Retailleau paraît comme effacé, le visage chiffonné et le regard perdu dans le vague, emmitouflé dans une doudoune rouge, aux côtés d'un Wauquiez triomphant en bras de chemise, belle gueule barbue, si mâle alpha. Plusieurs cadres du mouvement sont là : la secrétaire générale Annie Genevard, qui a tenu la boutique – ou ce qu'il en reste – après la trahison de Ciotti, la sénatrice Agnès Evren, le Francilien Othman Nasrou, pour certains proches de Retailleau, la mine faussement enjouée d'être là.

La veille, Wauquiez les a conviés à un dîner privé, offrant à chacun une liqueur de verveine, des lentilles de son fief du Puy-en-Velay et, à Retailleau, un bâton de pèlerin. Un curieux présent si l'on y songe : presque un acte manqué, une invitation à se mettre lui aussi en marche pour l'Élysée.

Son collègue sénateur est bien loin de cette idée. La présidentielle ? Il n'y songe plus du tout et veut surtout se rapprocher de lui. Quel meilleur candidat pour son camp, après tout, que cet ancien major de l'ENA et Normale sup ? « *Bruno ne se voyait pas aller à la présidentielle, alors on est tombés d'accord : autant suivre Laurent et se mettre derrière lui* », raconte un de ses lieutenants. Lors de ce dîner, Retailleau glisse ces mots doux à l'oreille de Charlotte Wauquiez, qui ne les oubliera pas : « *On sera à fond derrière lui !* »

Laurent Wauquiez, pourtant, a toujours été une énigme à ses yeux. N'étant pas faits du même bois, ces deux hommes ne se comprennent pas. Retailleau s'est souvent étonné des soudains tête-à-queue du quinqua. Il connaît la tentation brutale qui le déborde parfois. « *Le tempérament de Laurent le conduira au fin fond des enfers* », professait même Édouard Philippe, ex-LR. Mais qui n'aurait d'admiration pour ce fin lettré, surdiplômé ? Peut-on être foncièrement mauvais lorsqu'on se délecte de Stendhal et de poèmes des troubadours médiévaux ?

Retailleau patron des sénateurs LR, Wauquiez chef de file des députés, ils feraient un binôme idéal pour la droite, songe le Vendéen. « *Dieu sait si on ne s'entendait pas avec Laurent mais, comme il n'y a plus le "surfeur" entre nous, les relations sont excellentes !* » se réjouit-il durant ce week-end studieux dans le Massif central. Allusion à l'ombrageux Aurélien Pradié, adepte des sports nautiques, qui avait beaucoup contribué à tendre la relation entre les deux groupes parlementaires LR de l'Assemblée et du Sénat, avant de prendre du champ avec son camp.

« *Ce jour-là, au mont Mézenc*, décrypte un proche de Retailleau, *Bruno a fait allégeance à Wauquiez.* »

Nommé au gouvernement quelques jours plus tard par la grâce d'un concours de circonstances, il oublie vite ce serment. Wauquiez, en essayant de l'écarter, va puissamment l'y aider. Et que le meilleur gagne.

Neuf mois plus tard, on retrouve le même casting que pour l'ascension du mont auvergnat sur les images du sacre de Retailleau, élu président des Républicains. Evren, Genevard, Nasrou... Tous entourent le nouvel homme fort de la droite après son écrasant score du 18 mai 2025 dans la conquête de l'appareil. Wauquiez, tombé de son frêle piédestal avec 25,7 % des suffrages militants seulement, a disparu, lui, des clichés.

⋆

Entre eux, la rupture a été consommée quelques semaines plus tôt, comme si le parfum retrouvé du pouvoir avait aiguisé leurs appétits trop longtemps bridés. Le 6 décembre 2024, Retailleau et Wauquiez ont, au téléphone, un échange volcanique. *« Ils se sont insultés comme des rats morts ! »* traduit un sénateur au fait de la discussion. Michel Barnier vient de trébucher sur une motion de censure et toute l'architecture gouvernementale est à refaire. À quoi joue donc Wauquiez, fulmine l'encore patron de l'Intérieur, en sursis, qui a vent de coups de fil suspects avec l'Élysée ? Essaierait-il de le doubler ? En public, le Rhônalpin fait passer de curieux messages, laissant entendre qu'il ne s'opposerait pas à un Premier ministre de gauche, quitte à contraindre les ministres LR au départ.

Chercherait-il à le pousser vers la sortie, pour rester seul maître à bord et évincer ce rival devenu encombrant ? Ou bien manœuvre-t-il pour s'installer dans son nid à Beauvau ? Fantasmes ? Quoi qu'il en soit, c'en est fini des grandes déclarations de fraternité du mont Mézenc. La méfiance, désormais, est de mise.

Les proches du Vendéen avaient déjà été échaudés par les tractations venimeuses pour constituer l'équipe Barnier. « *Immédiatement, on a vu la violence de Laurent et son absence totale de ligne et de convictions* », tance l'un. « *Barnier proposait à Wauquiez le ministère de l'Économie et des Finances, mais il voulait en plus le portefeuille du Travail. Michel lui dit "banco" mais Wauquiez le rappelle le lendemain pour lui dire non. Il avait changé d'avis : il voulait le job de Bruno à l'Intérieur !* » gronde un proche du Savoyard. Retailleau a beau rassurer son cadet, selon ses dires, l'encourager à rejoindre aussi le gouvernement, lui répéter qu'il portera le drapeau de sa famille en 2027, rien n'y fait.

Ce 6 décembre, donc, le ministre de l'Intérieur découvre qu'il n'est pas convié à une rencontre cruciale prévue le soir même entre Emmanuel Macron et les dirigeants des Républicains. « *Ce n'est pas contre toi, Bruno, mais tu ne peux pas être juge et partie !* » plaide doctement Wauquiez à l'autre bout du fil, en lui rappelant qu'il n'occupe plus de fonctions exécutives à LR depuis qu'il a quitté la présidence du groupe au Sénat. Le ton monte. « *Et toi, tu n'es pas juge et partie, peut-être ? Tu ne fais pas tout ça pour me planter ?* » éclate Retailleau, dont les termes exacts furent nettement plus fleuris.

« Moi qui avais pris de bonnes résolutions... Laurent est désespérant », se désole-t-il devant les siens. De là à accepter de se faire doubler, c'est non ! Peu avant le rendez-vous prévu le soir à l'Élysée, il fait venir discrètement dans son bureau de Beauvau quelques dirigeants LR de confiance. Avec eux, il dresse la liste des arguments à développer devant le président pour défendre le maintien de la droite au gouvernement, lui en tête bien sûr. Une feuille A4 recensant tous ces éléments de langage est confiée à Annie Genevard, avant que chacun quitte les lieux.

Les conjurés s'en vont retrouver Wauquiez, l'air de ne pas y toucher, pour une autre réunion préparatoire. De leur entrevue secrète avec Retailleau, ils ne soufflent mot. Las, Genevard gaffe et sort la fameuse feuille A4. *« Qu'est-ce que c'est que ce papier ?* explose Wauquiez. *Qui a écrit ça ? »* Penaude, Genevard finit par lâcher : *« C'est Bruno... »* La confiance est rompue.

L'encore ministre comprend, en ces heures de tension, qu'il n'a plus d'autre solution que d'écarter le quinqua de sa route s'il ne veut pas finir lui-même écrasé. Ce qui passe, nécessairement, par la présidence du parti. Il hésite, pourtant, face à ce nouveau défi. Qu'adviendra-t-il s'il échoue ?

Des semaines durant, Retailleau pèse le pour et le contre, tourmenté. Un jour qu'il le croise dans les couloirs de l'Élysée en marge d'une réunion, le Premier ministre François Bayrou, l'œil gourmand, l'entreprend : *« Alors, tu prends le parti ou pas ? »* Une évidence pour beaucoup, en macronie comme à droite, tant Retailleau s'est imposé comme le patron de fait de son camp. Mais pas pour lui. « *J'espère que je ne fais pas une connerie* », redoute-t-il derrière les hauts murs de son ministère, inquiet que les Français ne lui reprochent de délaisser sa mission pour assouvir son ambition et peu désireux d'alourdir encore à sa charge. L'Intérieur est un poste si dévorant, comment trouver le temps pour remonter du sol au plafond ce mouvement vermoulu qui a cessé depuis des lustres de produire des idées ? Et si les militants se refusaient à lui ? Il a déjà subi une débâcle face à Ciotti, une autre serait politiquement fatale.

Il sait aussi ce que ces mots signifient : « *prendre le parti* ». Dans cette famille politique légitimiste, le chef fait figure de candidat naturel pour la présidentielle. La bataille pour la direction de LR n'a donc rien d'un banal congrès militant. C'est une primaire qui ne dit pas son nom pour choisir le prochain champion. Pour cela non plus, il n'est pas prêt. Il le répète alors, et il aimerait qu'on comprenne que cela n'a rien d'une coquetterie : « *Je n'ai pas le virus.* » Six mois à peine à Beauvau et, déjà, on le projette dans le fauteuil de Jupiter. « *Laissez-lui le temps de digérer !* » intime un vieux complice.

Pas cortiqué comme nombre de ses congénères, le sexagénaire n'est pas grisé à l'idée de s'installer dans les appartements privés du général de Gaulle et de Nicolas Sarkozy. Jamais, enfant, il n'a aspiré à devenir président. Homme d'ambitions raisonnées, il rechigne à s'engager dans des batailles risquées, là où d'autres fantasment des épopées. « *Chez Bruno, l'appétit vient en mangeant, mais il faut lui tenir la cuillère !* » grince un stratège de droite.

Ses amis eux-mêmes sont circonspects : cette bagarre pourrait être celle de trop. Tout échec constituerait, à coup sûr, un coup d'arrêt à sa carrière. François Fillon, qui a vécu le traumatisme de la guerre avec Jean-François Copé en 2012, sur fond de soupçons de triche industrielle de tous côtés, est dubitatif. « *Le souci*, lui souffle-t-il, *c'est qu'il faut être sûr que tout cela est démocratique.* » En clair : que personne ne fraude. L'ancien Premier ministre n'a jamais oublié sa découverte des arcanes du RPR lorsqu'il était le jeune bras droit de Philippe Séguin. À son arrivée à la direction du parti, il avait été intrigué par un illustre inconnu qui récoltait des scores canons lors des votes internes pour le « comité central », qui se déroulaient alors sur des machines à voter. Après une rapide enquête, il avait découvert que l'intéressé travaillait au service informatique… Aussi invite-t-il son ami Retailleau à la plus grande vigilance.

Les proches conseillers du locataire de Beauvau, à ses côtés depuis près de quinze ans, le pressent, eux, de se jeter à l'eau. Qu'adviendrait-il si, par malchance, l'aventure Bayrou s'arrêtait net ? Il perdrait son ministère, son exposition médiatique, pour redevenir simple sénateur, sans grande chance de récupérer le fauteuil de président du groupe, dont son successeur Mathieu Darnaud s'est subtilement emparé.

Pour préparer le terrain à sa candidature à la tête du parti, un sondage est opportunément commandé à l'institut OpinionWay, financé par Force républicaine. Son verdict est, sans surprise, sans appel : longtemps abonné au titre peu glorieux de lanterne rouge, il apparaît comme la personnalité la plus populaire à droite avec 55 % de bonnes opinions, dont 93 % chez les sympathisants LR[1]. *« Aujourd'hui, Retailleau = la droite. L'équation est faite »*, résume Frédéric Micheau, directeur général adjoint de l'institut.

Ce tapis rouge déroulé, ne lui reste plus qu'à se lancer. Un ultime élément va achever de le convaincre. Le 4 février 2025, Bruno Retailleau convie Laurent Wauquiez à dîner au ministère pour lui faire part franchement de ses intentions. Les agapes tournent au vinaigre. Le Rhônalpin se sent floué : ne s'était-il pas engagé à l'épauler ? Dans son esprit, ils avaient scellé un pacte : à l'ancien président du groupe au Sénat le rôle flatteur de vitrine des LR au gouvernement, à lui la reconstruction, autrement plus laborieuse, du parti. Retailleau objecte qu'il ne lui a rien promis, que les circonstances ont changé. Amer, Wauquiez menace : s'il s'exécute et se porte malgré tout candidat contre

1. Sondage OpinionWay pour Force républicaine sur « la situation politique de la droite à deux ans de l'élection présidentielle ». Réalisé du 24 au 29 janvier 2025 auprès d'un échantillon de 2 011 personnes, représentatif de la population française âgée de 18 ans et plus (méthode des quotas).

lui, il portera la responsabilité exclusive d'une « *guerre des chefs dévastatrice* ». C'est l'histoire de deux hommes qui se sont sentis mutuellement trahis.

★

On mentirait en disant que ce fut une belle bataille. Du socle idéologique dont chacun des adversaires souhaitait doter la droite, il fut fort peu question dans cette campagne toxique jalonnée de coups bas. Trois mois durant, les deux belligérants s'affrontent avec acrimonie.

« *Laurent agit de façon irrationnelle. Il joue sa survie, c'est ce qu'il y a de plus dangereux* », s'inquiète un fidèle du ministre à l'entame du match. Wauquiez va tout tenter, ne ménageant pas sa peine, accusant son rival d'être assujetti à la macronie. Jusqu'à s'entretenir secrètement avec Philippe de Villiers ou à courir le risque de l'incompréhension en proposant de bannir « *les étrangers dangereux sous OQTF* » à Saint-Pierre-et-Miquelon, comme jadis on condamnait au bagne.

Meeting après meeting, Retailleau pare les coups. Lui a pris ses responsabilités, clame-t-il sur scène, en acceptant d'entrer au gouvernement pour « *faire barrage à la gauche la plus sectaire* ». Devant les militants de droite, qui s'en régalent, il imagine un fantasmagorique gouvernement du Nouveau Front populaire, objet récurrent de ses flèches : « *Sandrine Rousseau au Travail, qui prône le droit à la paresse ; Rima Hassan au ministère des Affaires étrangères ; et à l'Intérieur Jean-Luc*

Mélenchon, Louis Boyard ou peut-être Mathilde Panot, pour faire la parité ! » Jamais il n'en fut question mais qu'importe, le public adore. De l'aveu de ses lieutenants, plusieurs centaines de milliers d'euros sont dépensés pour assurer la victoire, financés par des dons. Dans l'ombre, un homme veille sur ses intérêts : l'ancien banquier de la campagne Fillon, Arnaud de Montlaur.

Au terme d'un épuisant marathon qui le contraint à gérer en parallèle sa mission de « premier flic de France » et un duel au couteau, Bruno Retailleau écrase le match, non sans s'être fait quelques frayeurs. Au soir du verdict, entouré au ministère de sa garde rapprochée, son portable résonne. En ligne, son directeur de campagne Othman Nasrou lui dévoile son score. Retailleau raccroche, fait la moue, puis regarde les siens qui n'y tiennent plus : « *Il y a un petit contretemps. J'ai fait 47 %...* » Dans la pièce, tous ont le visage défait. Tout bascule, la belle aventure est terminée, retour à la case départ du Sénat, se lamentent ses conseillers. « *Mais non, j'ai fait 74 % !* » claironne le nouveau patron des Républicains qui a bénéficié à plein, dans ce combat, de l'effet « vu à la télé » et, sans doute, d'une part de rejet personnel de Laurent Wauquiez.

L'ancien villiériste savoure son heure de gloire. C'en est fini du temps où il était regardé à droite comme un dangereux greffon du MPF. Il est le nouvel homme fort, en orbite pour la bataille suprême, comme Jacques Chirac, Nicolas Sarkozy ou François Fillon avant lui. Pour cette famille sevrée du pouvoir, il incarne une vraie chance de reconquérir les sommets. Depuis ce 18 mai 2025, on ne l'a plus entendu répéter qu'il n'avait « *pas le virus* » de l'Élysée.

8

Le maître à penser

Qui est vraiment le nouveau chef des Républicains ? Un conservateur bon teint, poli par le temps et par le compagnonnage au gouvernement d'élus plus modérés ? Ou le diable réactionnaire que croquent ses adversaires, prompts à voir en lui un adepte de la « taqiya », comme l'on dit des djihadistes rompus à l'art de se fondre dans le décor pour mieux tromper l'ennemi ?

L'homme véhicule nombre de fantasmes, tant est fondamentale la question de son véritable positionnement. Dont celui, nourri par la gauche en particulier, de préparer dans l'ombre l'union des droites, grand dessein de feu le ténébreux Patrick Buisson, avec qui il échangeait régulièrement dans les dernières années de sa vie. *« Bruno Retailleau est très intelligent, il est cultivé, mais c'est l'incarnation de la droite conservatrice, cléricale et protectionniste des années 90… 1890 !*[1] » avait rhabillé l'éditorialiste Alain Duhamel. Pour l'ancien président socialiste

1. Invité de l'émission *C à vous*, 20 septembre 2024.

François Hollande, qui le regarde évoluer depuis l'hémicycle de l'Assemblée nationale, le passé villiériste du Vendéen doit inciter à la plus grande prudence : « *Il est courtois, correct et très policé, mais sa formation initiale est là. Il était la cheville ouvrière*[2]. » Une vigilance que partagent les élus de gauche qui l'ont fréquenté dans les instances politiques régionales. « *C'est un petit Villiers qui a réussi car il a su s'adapter. Il a l'air gentil, mais c'est un idéologue, quelqu'un qui cache sa vraie personnalité, qui est toujours dans le contrôle et la communication. Il utilise Macron et Bayrou pour s'imposer et grignoter du terrain à droite. C'est la stratégie du coucou* », estime l'ancien maire PS de La Roche-sur-Yon, Pierre Regnault, qui s'est souvent accroché avec lui du temps du « Château », quand Retailleau copilotait avec Villiers le conseil départemental de Vendée. Un autre élu socialiste, proche d'Olivier Faure et qui requiert l'anonymat, va plus loin : « *Ici, on le surnommait "le petit curé" ou "le notaire". C'est un ultra-catholique intégriste, un anti-IVG convaincu ! Sa foi le guide et tout son staff au ministère de l'Intérieur est à l'avenant. Le "gentil Nono", tu parles ! Villiers aussi était "gentil". Pour nous, c'était l'extrême droite. Il essaie de mettre à distance son passé pour apparaître comme un nouveau-né à droite. Il fait des efforts surhumains pour rester au pouvoir, car c'est comme ça qu'il pourra mettre en œuvre ses idées. Il me fait peur avec sa tête de gendre idéal…* » Et le même de livrer ce conseil avisé : « *Ce qu'il faut regarder, ce sont ses idées.* »

Allons-y, justement.

---

2. Entretien avec l'auteure, 13 mars 2025.

★

Oui, il a des convictions arrêtées, une colonne vertébrale rigide. Sous ses dehors aimables, Bruno Retailleau porte une vraie radicalité : une droite de combat engagée dans une bataille culturelle, civilisationnelle, pour reprendre le leadership des idées. Une *« révolution idéologique »*, dit-il. Ce lecteur compulsif est convaincu, comme Ernest Renan, que les idées mènent le monde et que la politique n'est grande que lorsqu'elle charrie des valeurs, ne se contentant pas de répondre à des questions pratiques. *« Pour moi, ça compte l'idée d'un idéal. C'est cela qui fait que j'apparais peut-être parfois comme un idéologue »*[3], relève-t-il en invoquant Charles Péguy sur l'importance de la mystique en politique. Cette tête pensante répète que la droite ne reviendra au pouvoir que si elle répond à deux angoisses françaises : la peur, très concrète, du déclassement économique, et un sentiment, plus lancinant, de dépossession culturelle.

« Les catégories populaires et les classes moyennes sont travaillées par des enjeux matériels – le niveau de vie, le pouvoir d'achat – mais ce qui l'emporte souvent pour ceux qui ont peu, qui n'ont pas de patrimoine important, ce sont les questions immatérielles. George Orwell a parlé le premier de "common decency" *: ce sont des repères, un cadre familier auquel on tient, d'autant plus*

3. Entretien avec l'auteure, 2 janvier 2025.

qu'on a peu[4]. » Il a depuis simplifié considérablement ce concept qui sous-tend sa pensée en brandissant l'idée, qui claque comme un slogan au parfum rétro, de la « *France des honnêtes gens* ».

Comment se définit-il, du reste ? Bruno Retailleau n'aime pas cette question. Il déteste qu'on l'enferme dans une boîte, qu'on lui colle une étiquette de passéiste, ou de réac sous naphtaline. « *Je n'ai jamais pensé qu'hier était mieux qu'aujourd'hui ou demain,* récuse-t-il. *Je ne suis pas non plus un progressiste, dans la mesure où je ne pense pas que demain sera nécessairement mieux qu'aujourd'hui.* » Il se déclare depuis peu, c'est nouveau, gaulliste, au risque d'irriter les gardiens du temple. Et dit avoir versé des larmes à l'âge de 8 ans en apprenant la disparition du Général. Outre-Manche, cet homme aux faux airs de lord anglais serait d'emblée catalogué dans la catégorie, méconnue dans l'Hexagone, des conservateurs libéraux. Leur guide ? Sir Roger Scruton, son maître à penser. De lui, Retailleau a tout lu, ou presque, souvent en anglais. Pour le cerner, il faut se plonger dans les écrits prolifiques du philosophe britannique. Où l'on découvre qu'un « scrutonien » n'est pas un nostalgique figé dans l'image poussiéreuse d'un passé supposément glorieux, mais plutôt quelqu'un qui revendique des racines, un héritage qu'il entend transformer pour l'adapter à l'air du temps. Rien ne résume mieux la pensée du Vendéen que cette tirade de Benjamin Disraeli, ancien Premier ministre

4. Entretien avec l'auteure en 2021.

conservateur de Grande-Bretagne : « *Réformer ce qu'il faut et conserver ce qui vaut.* »

« *Je suis attaché à un certain nombre de repères. Je préfère le familier à l'inconnu, je fais le choix de la limite plutôt que de la démesure, le choix de l'enracinement par rapport au village global. Je m'inscris dans cette lignée de responsables politiques de droite qui savent qu'ils viennent de quelque part*[5] », livre-t-il en référence aux thèses de l'économiste britannique David Goodhart qui confrontent les « *somewhere* » (ceux de quelque part, qui luttent pour préserver leur mode de vie) aux « *anywhere* » (ceux de nulle part, grands gagnants de la mondialisation).

Comment mieux dire qu'il est l'anti-Macron, le décalque inverse de la « start-up nation », lui qui présentait en 2017 le futur président comme un « *golden boy* » à mi-chemin entre « *Woodstock et Wall Street* » ? Retailleau n'a jamais pardonné au chef de l'État, qu'il regarde comme un communautariste, un tenant du multiculturalisme anglo-saxon, d'avoir expliqué qu'il fallait « *déconstruire notre propre histoire*[6] » et considéré qu'il n'y avait « *pas une culture française* » mais « *une culture en France, diverse, multiple* »[7]. Ni d'avoir promu au ministère de l'Éducation nationale l'historien spécialiste des minorités Pap Ndiaye, dont il dénonce le « *wokisme de salon* ».

---

5. Entretien avec l'auteure, 1er mars 2025.

6. Entretien à l'émission *Face the Nation* sur CBS News, 18 avril 2021.

7. Discours à Lyon le 4 février 2017.

Les soutiens du Vendéen sont convaincus que cette page progressiste héritée en France de Mai 1968 est en passe d'être tournée et que la vague conservatrice qui déferle sur le monde depuis l'avènement du Brexit validera ses idées. « *La réélection de Donald Trump nous sert car il met dans le débat de vrais sujets. Et la manière outrancière qu'il a de les mettre en scène fait qu'on se dit : "Finalement, Retailleau est plutôt cool par comparaison"* », veut croire un de ses conseillers, persuadé que le conservatisme scrutonien a de brillants jours devant lui.

Même sa vision des questions environnementales s'inspire du penseur britannique. Aussi contre-intuitif que cela soit, Bruno Retailleau s'est longtemps revendiqué écolo et se targue de posséder des panneaux photovoltaïques, des cheptels d'animaux dans sa ferme de Saint-Malô et une éolienne au bout de son jardin. Ce rural, qui abhorre les écologistes à la mode EELV (Europe Écologie-Les Verts), fait l'éloge de la conservation de la nature et du patrimoine, au point d'avoir consacré un ouvrage à cette question qui lui tient à cœur[8]. On doit à l'ancien sénateur d'avoir introduit dans la loi une révolution juridique avec la notion de préjudice écologique, qui a permis d'inscrire les atteintes à l'environnement dans le Code civil. Un combat personnel de plusieurs années pour l'élu de Vendée, traumatisé par les plages mazoutées sur le littoral

8. « Aurons-nous encore de la lumière en hiver ? Pour une écologie du réel », *L'Observatoire*, octobre 2021.

atlantique après le naufrage en 1999 du pétrolier battant pavillon maltais *Erika*, affrété par le groupe Total. « *La nature, n'étant pas une personne, ne pouvait alors pas être vue comme une victime. Derrière tout cela, c'est pour le principe pollueur-payeur que je me battais*, exposait-il vingt ans après la catastrophe dans la presse régionale, dans un discours digne d'une Marine Tondelier. *On a pu faire émerger un droit nouveau. On a reconnu que la nature était un patrimoine commun*[9]. » En tant que parlementaire, il a aussi considérablement durci le système de prévention et d'alerte contre les submersions marines après la tempête Xynthia, qui a fait 35 morts dans le seul département de Vendée en 2010, dont 29 en une nuit de cauchemar après la rupture de la digue dans la cité balnéaire de La Faute-sur-Mer. « *L'écologie est une valeur de droite* », répète-t-il. Ce qui ne l'empêchera pas, une fois élu président de LR, de se faire l'avocat ardent du nucléaire et de réclamer l'arrêt des subventions publiques au solaire et à l'éolien[10]. Au risque de donner le sentiment de se contredire.

Pour parler à la frange conservatrice de l'électorat, le patron de LR entretient savamment ses réseaux au sein de la droite dure, ou dite « hors les murs », sans jamais pour autant se lier les mains. Il a rencontré,

9. Entretien au *Journal des Sables*, 11 décembre 2019.

10. Dans une tribune au *Figaro* publiée le 2 juillet 2025, avec François-Xavier Bellamy et Julien Aubert, qui provoquera une crise au sein même du gouvernement et lui vaudra un recadrage d'Emmanuel Macron.

bien sûr, le milliardaire breton Vincent Bolloré et ne se fait pas prier pour alimenter ses médias. Abonné aux studios de CNews et Europe 1, aux colonnes du *JDD*, le ministre apprécie d'échanger sur l'état du pays avec la star maison, Cyril Hanouna, qu'il a reçu à Beauvau. Il a de même déjeuné au ministère avec l'homme d'affaires catholique et ultralibéral Pierre-Édouard Stérin[11], qui a fait fortune avec les coffrets Smartbox et dont le projet Périclès vise à porter au pouvoir les idées de la droite extrême.

Mais ses contacts s'arrêtent là. Il tient à son indépendance et ne multiplie pas, comme d'autres figures de son bord, les coups de fil avec ces magnats des médias. Ni trop près, ni trop loin, volontairement inclassable, mais multipliant les œillades, quitte à choquer. Lors des émeutes urbaines qui avaient suivi à l'été 2023 la mort du jeune Nahel, Bruno Retailleau dénonçait ainsi *« une sorte de régression vers les origines ethniques »*. Moins de deux ans avant de devenir ministre d'Emmanuel Macron, il faisait aussi ouvertement référence à la théorie du « grand remplacement » en évoquant, dans les colonnes du très droitier hebdomadaire *Valeurs actuelles*, une *« immigration de peuplement*[12] *»*.

À l'époque, un homme avait tenté de le rallier à son panache blanc : Éric Zemmour. Du temps où il était encore polémiste à succès et journaliste au *Figaro*, le président de Reconquête entretenait un commerce

11. Le 16 janvier 2025, selon des révélations de *L'Obs*.
12. Entretien à *Valeurs actuelles*, 16 novembre 2022.

régulier avec certains ténors des Républicains. Dont le sénateur de Vendée, avec qui il avait partagé en février 2021 un petit déjeuner pour le sonder sur ses velléités de postuler à la présidentielle et essayer de l'embarquer dans l'aventure. Bruno Retailleau s'était efforcé de le dissuader, lui expliquant qu'un intellectuel ne pouvait guère dépasser 5 ou 6 % des suffrages au premier tour. Bien vu : ce fut 7 %. Pas rancunier, Zemmour avait salué sa nomination à l'Intérieur, y percevant, un rien malveillant, « *la victoire de [ses] idées* ». Et d'ajouter : « *Maintenant, le problème est : qu'est-ce qu'il va faire et pourra-t-il le faire ?* » Sa compagne et députée européenne Sarah Knafo connaît bien, de même, le conseiller en communication de Beauvau, Jean-Baptiste Doat, et déjeune en sa compagnie à l'occasion. Mais c'est à Laurent Wauquiez, et non à Bruno Retailleau, qu'on doit d'avoir évoqué publiquement l'hypothèse que la jeune femme intègre un jour les rangs de LR.

Toujours sur une ligne de crête pour ne pas effaroucher à l'excès les électeurs plus modérés dont il convoite également les suffrages, au risque du grand écart, le locataire de Beauvau adresse des clins d'œil insistants à la frange dure de la droite. De son passage au Mouvement pour la France, il a gardé les codes et sait comment lui parler. À l'Assemblée, son équipe prend soin de traiter avec égards les députés lepénistes, élus du suffrage universel. Jean-Baptiste Doat, encore, fait la jonction avec le secrétaire général du groupe RN, le Versaillais et catholique

Renaud Labaye, très proche de Marine Le Pen. De même Retailleau avait-il accepté de participer fin 2024 au festival Atreju, qui réunit chaque année en Italie la jeunesse conservatrice, pour ne pas dire d'extrême droite, à l'instigation du parti Fratelli d'Italia. Une édition à laquelle étaient conviés le président argentin Javier Milei, Matteo Salvini et, bien sûr, Giorgia Meloni.

Le retaillisme serait-il un « melonisme » ? Il ne se prive pas de louer le bilan en matière migratoire de la cheffe du gouvernement italien. Ils ont en commun d'être alignés sur les positions européennes et atlantistes, et conservateurs sur le plan sociétal. Le ministre français avait posé une condition à sa participation au festival : que ses homologues, la Britannique Yvette Cooper et l'Italien Matteo Piantedosi, viennent aussi. La fin du bail de Michel Barnier à Matignon et le cyclone à Mayotte lui ont épargné de devoir se risquer à ces festivités, particulièrement malvenues au moment où le centriste François Bayrou s'efforçait de convaincre les députés du Parti socialiste de ne pas censurer son futur gouvernement.

Bruno Retailleau ne veut pas l'union des droites, du moins pas par le haut, ni par des *combinazione* d'appareils. Il veut la faire par le bas, par les électeurs. Comme Nicolas Sarkozy qui, en 2007, s'était targué un peu vite d'avoir *« tué le FN »* en siphonnant son réservoir de voix[13]. Le « premier flic de France » est convaincu qu'il peut, avec son *« parler vrai »*, faire revenir dans le giron de la droite républicaine les 10,6 millions de Français qui, au premier tour des législatives anticipées de l'été 2024, ont choisi le bulletin du Rassemblement national ou de son allié Éric Ciotti. Un audacieux pari : qui peut dire que les Français préféreront la copie à l'original ?

Ce n'est pas lui qui a trahi sa famille politique pour rallier le parti à la flamme, mais bien le député des Alpes-Maritimes. Il fut alors un de ses plus vifs contempteurs. *« Bruno a un profil atypique qui fait qu'il peut réussir l'union des droites par les électeurs. Il est ministre d'un gouvernement de centre-droit, dirigé par François Bayrou, sous Emmanuel Macron, on ne peut donc pas l'accuser d'être un fasciste. Mais, par sa culture, il sait s'adresser à cet électorat villiériste et lepéniste »*, analysait le député LR Olivier Marleix, que Retailleau avait chargé d'une mission sur les municipales de 2026.

Marine Le Pen ? Il ne la connaît pas et n'a jamais échangé avec elle en tête à tête. Le Vendéen appartient à une génération qui a été marquée par les outrances négationnistes de son père, Jean-Marie Le Pen. Ce qui ne l'a certes pas empêché, à sa mort, de saluer sa mémoire[14]. Les clins d'œil, là encore. Plus que tout,

13. Au premier tour de la présidentielle de 2007, Jean-Marie Le Pen n'avait recueilli que 10,44 % des voix, après s'être qualifié cinq ans plus tôt au second tour.

14. Le 7 janvier 2025, Bruno Retailleau postait ce message sur son compte officiel sur X : *« Quelle que soit l'opinion qu'on peut avoir de Jean-Marie Le Pen, il aura incontestablement marqué son époque. »*

Retailleau exècre le positionnement économique, qu'il juge marxiste, de sa fille. Quand lui plaidait avec constance pour un report de l'âge de départ en retraite à 64 ans et pour un allongement de la durée de cotisation, elle louvoyait sur le retour à 60 ans sous conditions. Surréaliste à ses yeux. « *Marine Le Pen*, peste-t-il, *c'est Jean-Luc Mélenchon !* » « *Elle a un logiciel économique de gauche. Sur le régalien, elle est plus proche de la droite, mais elle est populiste, démagogue, prête à changer de position sur tout. L'union des appareils, je n'y ai jamais cru. La substance est fondamentalement différente. Et il y a une volonté hégémonique : elle veut notre mort. Je ne vois pas pourquoi on s'allierait avec ceux qui veulent nous tuer*[15]. » Il en veut pour preuve supplémentaire que le RN a mêlé ses voix à celles des Insoumis en votant la motion de censure contre Michel Barnier, déposée par le NFP. « *Malgré sa tentative de normalisation, c'est une rechute grave parce qu'elle cède à la volonté de Mélenchon d'apporter le chaos. Il me semblait que le RN était le parti de l'ordre...* » attaque-t-il, persuadé que la triple candidate du RN n'a aucune chance d'être élue un jour présidente de la République, sauf si elle était par accident opposée au second tour au leader de LFI.

Parmi ses fidèles, certains ont regardé un temps avec un vif intérêt les premiers pas de Jordan Bardella, tenant au RN d'une ligne plus libérale et pro-business, se disant qu'il y aurait peut-être un jour, qui sait, des relations à nouer. « *Travailler avec Marine Le Pen,*

15. Entretien avec l'auteure, 2 janvier 2025.

jamais ! Mais avec Bardella, ça se regarde... » nous confiait un jour l'un d'eux. Ils ne sont pas les seuls à LR, où le jeune président du RN intrigue autant qu'il captive. Nicolas Sarkozy ne l'a-t-il pas reçu à l'été 2025 dans ses bureaux du 77, rue de Miromesnil (Paris 8ᵉ) ? « *Hier, Bardella aurait été un petit jeune du RPR !* » ose une grande figure de la droite, qui lui trouve du talent mais beaucoup de fragilités. Retailleau comme ses proches ont toutefois tiré comme conclusion de la dissolution et des scrutins qui ont suivi que le jeune premier du RN présentait encore des failles et ne constituait, à brève échéance, ni un allié potentiel ni un péril pour la droite. Mais pour combien de temps ?

Quant à Marion Maréchal, elle a sollicité par le passé un entretien avec Retailleau qui n'a pas donné suite, soucieux de ne pas prêter le flanc aux critiques de ses adversaires et la jugeant, pour tout dire, un peu surcotée.

Toutes choses qui expliquent que le ministre de l'Intérieur n'adhère pas à la grande théorie du mariage des droites. « *Je ne crois pas à l'union des appareils, je crois au rassemblement des Français par le haut, par les convictions, pas par les tambouilles*[16] », résume-t-il. C'est, à ses yeux, une impasse stratégique. *A fortiori* depuis l'élimination possible de Marine Le Pen de la course présidentielle[17], qui rebat toutes les cartes du jeu politique à droite et

16. *Ibid.*

17. Elle a été condamnée en première instance le 31 mars 2025, avec inéligibilité immédiate, dans l'affaire des assistants parlementaires européens de son parti. Et a fait appel de cette condamnation.

le place, lui, en pole position. Retailleau ne veut pas s'allier avec elle, il veut annexer son électorat, devenir le réceptacle naturel de cet iceberg de 35 à 40 % des voix qui peut lentement se décongeler. Jamais Jordan Bardella ne ferait le plein de ces suffrages s'il se présentait, parie-t-il. L'affronter en 2027 ne le tracasse pas, jurent les siens, car l'effet de contraste jouerait à plein : le jeune homme aura 31 ans, lui 66. « *Bardella, c'est l'anti-Retailleau, une intelligence artificielle qui va à la salle de sport et joue aux jeux vidéo jusqu'à 1 heure du matin !* » mitraille un proche.

Le RN, bien qu'il s'en défende, a parfaitement cerné le danger que constitue le président de LR et l'attaque bille en tête sur son bilan, mitigé faute de majorité. Il n'est pas interdit de penser que Retailleau était l'une des cibles non avouées de la motion de censure adoptée fin 2024 avec les voix des députés lepénistes. « *Le RN a gardé un très mauvais souvenir de l'époque Sarkozy, ils ne vont pas laisser Bruno siffler tous les clients !* » se gausse un centriste de ses amis. Marine Le Pen comme son jeune bras droit font, eux, le pari qu'il finira vitrifié dans le macronisme. Bruno Retailleau ? « *Une baudruche !* » moque une source proche du tandem dirigeant du RN.

Objet politique non identifié, recentré par son passage au gouvernement qui a contribué à le décontaminer, le Vendéen veut en vérité marcher sur deux pieds : récupérer les sympathisants de la droite extrême, mais séduire aussi jusqu'au centre-gauche. Tel Sarkozy qui promettait en 2007 un ministère de l'Identité nationale, tout en invoquant à la tribune de ses meetings les mânes de Léon Blum et de Jean Jaurès. Bruno Retailleau espère bien capter demain les électeurs orphelins d'Emmanuel Macron et ceux tentés par la candidature d'Édouard Philippe. « *Une des clés de l'élection présidentielle*, calcule un de ses lieutenants, *sera la capacité de LR à récupérer des gens qui sont partis chez Horizons ou Renaissance.* » Omettant que les positions très droitières du Vendéen, d'autant plus depuis son accession à la tête des Républicains, pourraient le couper irrémédiablement de cet électorat.

Produit politique hybride, Retailleau se voit décerner régulièrement des brevets de fréquentabilité par les tenants du « cercle de la raison ». « *C'est quelqu'un qui a un ADN très typé, mais une qualité : il ne fait pas de prosélytisme. Il est capable de bâtir une coalition autour de lui* », salue Alain Minc, essayiste et conseiller des princes. Des Marcheurs éminents, telle la présidente de l'Assemblée Yaël Braun-Pivet, encartée un temps au PS, ont défendu son maintien au gouvernement après la chute de Michel Barnier. Et le Savoyard, bien plus libéral et modéré que lui, assure n'avoir jamais rien eu à lui reprocher. « *Bruno a un attachement viscéral à sa droite, qui est catholique, conservatrice et vendéenne, mais constamment alimenté, enrichi et parfois contrebalancé par une approche très rationnelle*, témoigne Arnaud Danjean, ancien conseiller spécial de Barnier à Matignon. *On a découvert un homme pragmatique, pas dogmatique, avec un socle de convictions très fort, mais qui est capable d'évoluer. Ce n'est pas un idéologue.* »

★

L'ennemi public numéro un, pour lui, s'appelle Jean-Luc Mélenchon. À 60 ans passés, Bruno Retailleau a été intellectuellement structuré par le combat contre « *le totalitarisme communiste* » hérité de la Révolution de 1917. « *Dans ma construction politique*, expose-t-il, *cette opposition fondamentale contre le communisme est première. C'est le second totalitarisme du XXe siècle.* » Longtemps, il a pourtant eu de l'estime, et plus encore, pour le sénateur Mélenchon, un tribun comme lui érudit, dont les pairs ne manquaient pas une intervention. Il a croisé sa route dès 2004 en faisant son entrée au Sénat. Mélenchon, alors inscrit au groupe socialiste comme élu de l'Essonne, comptait déjà une quinzaine d'années dans cette chambre. « *J'avais de la sympathie pour lui parce que c'était un républicain intransigeant. Il avait un défaut, déjà : il aimait beaucoup Robespierre, que j'ai toujours considéré comme un bourreau, mais il avait du panache. C'était un orateur, une belle figure de la gauche française*[18] », concède-t-il.

C'est quatre ans plus tard que Mélenchon entreprend un virage radical en quittant le PS, par rejet de la ligne social-démocrate, pour fonder le Parti de gauche, qui préfigure les Insoumis. Retailleau ne lui pardonne pas d'avoir inoculé depuis à une partie de la gauche les thèses de la philosophe Chantal Mouffe sur la conflictualisation du débat public et la désobéissance

18. *Ibid.*

civile, ni d'avoir fait du communautarisme son fonds de commerce électoral. « *Pour moi, il est devenu le principal danger pour la République.* » Bien avant, insiste-t-il, l'extrême droite.

Une scène récente a heurté le chef de LR : Jean-Luc Mélenchon, pourtant plus député, venant assister dans les travées réservées au public à l'Assemblée à la mise à mort symbolique de Michel Barnier, le jour de la censure de son gouvernement. « *Il se comporte comme un sans-culotte qui voudrait envoyer la Ve République à l'échafaud !* » accuse-t-il. Ces mots ont, chez lui, un sens particulier. Vendéen au plus profond de ses tripes, l'ancien metteur en scène du grand spectacle du Puy du Fou conteste radicalement le mythe révolutionnaire de 1789 qui fonde l'imaginaire politique français. Il y a, dans son esprit, deux Révolutions irréconciliables : celle de 1789, et la Terreur de 1793 qu'il voit comme « *la dérive terroriste et totalitaire de la Révolution* ». La gauche Insoumise, dont il pourfend le surmoi révolutionnaire, serait selon lui l'héritière de cette violence aveugle. C'est, chez lui, un combat viscéral.

En février 2012, le sénateur Bruno Retailleau avait ainsi cosigné avec d'autres élus une proposition de loi visant à abroger les décrets des 1er août et 1er octobre 1793. Des textes juridiques qui, protestaient-ils, avaient « *servi de bases légales à de nombreuses atrocités* » commises contre les populations civiles de Vendée et à « *une entreprise systématique d'extermination de masse* », à des « *noyades expéditives dans la Loire de milliers de suspects* ». Longtemps, il a eu dans son bureau un portrait du général de l'armée catholique et royaliste Jacques Cathelineau, dit « le saint de l'Anjou », auquel ses collaborateurs vendéens aiment à le comparer. Il n'est pas anodin qu'il ait convié en 2013 l'ancien leader de Solidarnosc et prix Nobel de la paix Lech Walesa pour commémorer le 220e anniversaire du soulèvement vendéen de 1793 contre la Convention révolutionnaire. L'ancien électricien des chantiers navals de Gdansk est, dans son regard, l'homme qui a osé défier la puissante URSS. « *Il symbolise une résistance populaire à l'oppression d'État qui fut aussi celle des paysans vendéens*[19] », vantait à l'époque le président du conseil général de Vendée, dans un saisissant raccourci historique entre le régime soviétique et la Terreur.

Une partie de la gauche, sur l'aile républicaine, trouve tout de même grâce à ses yeux. Il entretient de longue date une correspondance suivie avec Jean-Pierre Chevènement, pour qui il éprouve « *beaucoup d'admiration intellectuelle* ». Ces républicains des deux rives partagent des combats communs sur les questions européennes et régaliennes. Il a plaidé aussi auprès de Michel Barnier et François Bayrou pour que Manuel Valls fasse son retour au gouvernement. Et cite volontiers, parmi les élus qu'il apprécie, la présidente du groupe communiste au Sénat, Cécile Cukierman. Bruno Retailleau respecte, chez

19. « La Vendée se prépare à recevoir Lech Walesa », *Ouest-France*, 16 avril 2013.

les autres, la force des convictions, même s'il ne les partage pas.

Plus surprenant, il lui arrive d'échanger sur la situation politique en général, et sur les arcanes du PS en particulier, dont il avoue avoir une science des plus sommaires, avec Anne Hidalgo. Son grand ami, Philippe Maindron, en est resté un jour bouche bée. Jamais à court d'idées folles, le jovial producteur s'est heurté durant des années à l'administration pour accoucher – c'est le cas de le dire – d'un nouveau projet : installer une mini-tour Eiffel de 32 mètres de haut et 23 tonnes, réplique à l'échelle de la vraie Dame de fer, sur le Champ de Mars à Paris. « *Sur une idée de ma femme, j'ai décidé que la tour Eiffel aurait un bébé le 1er avril !* » Ses courriers et démarches demeurant sans réponse, il contacte son ami sénateur. Lequel promet, amusé par cette facétie, de l'aider en sollicitant Hidalgo en personne. Quelques jours plus tard, les deux complices se retrouvent avec la maire de Paris, dans son bureau de l'Hôtel de ville, et décrochent sans difficulté l'autorisation, avant de discuter politique avec elle autour d'une tasse de thé, alors même que la contestation contre la réforme des retraites du gouvernement d'Élisabeth Borne bat son plein dans les rues. « *Me retrouver avec Bruno et Hidalgo, alors qu'il n'y a pas de plus grand écart possible...* sourit encore Maindron, qui leur a envoyé à tous deux le cliché immortalisant la scène. *Ça m'a fait marrer, je me suis dit : "C'est complètement improbable !"* »

Jamais l'ancien sénateur de Vendée ne baissera en revanche la garde face à ce qu'il appelle la *« gauche woke »* et ses idées progressistes qu'il abhorre. Il y a chez lui une répulsion totale de l'héritage de Mai 1968. L'élection en mai 1981 de François Mitterrand, comme celle de François Hollande en mai 2012, furent à ses yeux des répliques malheureuses. *« Les racines du mal, c'est l'idéologie soixante-huitarde, "interdit d'interdire"*[20] *»*, proclamait-il en 2018. *« Depuis des années, je dénonce les ravages de cette société permissive que les beaux esprits progressistes nous avaient vendue comme un progrès. Elle devait libérer. Elle a enfanté des barbares. Ce que nous payons aujourd'hui, c'est la facture de Mai-68. On nous avait promis la plage sous les pavés. Mais c'est la rage qui est remontée*[21] *»*, enchaînait-il sept ans plus tard, constant dans ses idées, dans une interview coup de poing au *JDD* du groupe Bolloré. Outre sa permissivité sur le plan sociétal – on y reviendra –, il reproche à cette partie de la gauche d'avoir oublié le peuple. Contrairement à une image tenace qui lui colle à la peau, entretenue par son soutien passé aux propositions radicales du candidat François Fillon sur la réforme de l'assurance maladie et par les suppressions massives de postes dans la fonction publique, Retailleau n'est pas un tenant de l'ultralibéralisme effréné. Ce qui explique son regard prudent et distancié sur Donald Trump, au-delà des

20. 25 octobre 2018 dans l'émission « Bourdin direct » sur BFM TV et RMC.

21. Le 15 juin 2025.

outrances du personnage. « *Je ne suis ni un pur libéral, ni un pur conservateur. Si j'étais un pur libéral, je serais pour un libre-échange totalement débridé, et ce n'est absolument pas le cas*[22] », tient-il à rectifier.

Fin 1994, quand il était encore député villiériste et siégeait parmi les élus non inscrits, il avait voté, comme Jean-Pierre Chevènement, contre les accords de Marrakech instituant l'OMC (Organisation mondiale du commerce), qu'il avait rebaptisée « *Organisation mondiale du chômage* ». Pour le comprendre, il faut avoir frotté ses souliers dans la glaise de Vendée, étudié ce capitalisme familial qu'il voudrait ériger demain en modèle pour la France. Dans ce département qu'il a contribué avec Villiers à désenclaver, les capitaines d'industrie et leurs salariés ont bien souvent essuyé leurs fonds de culotte sur les mêmes bancs d'école. Les relations sociales y sont souvent moins frontales. « *Ce sont les usines à la campagne* », dit-il. « *La force et le succès de l'économie vendéenne, c'est que les chefs d'entreprise, dans la quasi-totalité des cas, vivent proches des salariés. Qui, de leur côté, sont profondément attachés à leur entreprise. C'est ce que je qualifie de "capitalisme à visage humain"*[23] », décrypte Yves Gonnord, ancien grand patron emblématique du groupe alimentaire Fleury Michon, dont le siège social est installé à Pouzauges en Vendée. Ce proche du président des Républicains cite en exemple la lutte emblématique

22. *Ibid.*
23. Entretien avec l'auteure, 13 juin 2025.

des 800 salariés des usines Gautier qui s'étaient mis en grève en 1999 pour défendre leur patron, Dominique Soulard, évincé de son poste de directeur général par l'actionnaire, et qui avaient obtenu de haute lutte gain de cause. Jeune élu, Retailleau a connu sur ses terres les ravages des délocalisations dans les entreprises du prêt-à-porter et de la chaussure. « *Déjà*, relate-t-il, *je voyais la mondialisation, la globalisation en train de détruire notre industrie.* » « *Un jour, plusieurs centaines de salariés ont défoncé les grilles du conseil général pour faire un grand feu de joie de machines à laver. Toutes les vitres ont explosé dans la cour d'honneur ! Avec Bruno, on menait la négociation. Villiers avait été rappelé en urgence de Paris*[24] », se souvient Thierry Rolando, qui fut sept ans durant son conseiller économique au département et à la région.

On se pince pour y croire, mais Bruno Retailleau a plusieurs fois défilé dans des cortèges syndicaux aux côtés de la CGT. Le 14 novembre 2013, il manifestait à La Roche-sur-Yon pour défendre les salariés menacés de l'usine Fagor-Brandt, aux côtés du leader cégétiste départemental, Philippe Breger. Il a plaidé leur cause à Bercy auprès du ministre du Redressement productif, le socialiste Arnaud Montebourg, et de son directeur de cabinet, un certain Boris Vallaud, devenu président du groupe PS à l'Assemblée. Cela n'empêchera pas la CGT de lui couper l'électricité à son domicile

24. Entretien avec l'auteure, 24 décembre 2024.

de Saint-Malô lors du débat parlementaire sur les retraites, où il défendait une ligne dure.

Souvent accusé d'incarner une droite bourgeoise, le Vendéen se veut plutôt le représentant d'une droite des terroirs, des campagnes de Bernanos. Il faut relire le discours qu'il avait prononcé à l'entame de la fronde des Gilets jaunes face au Premier ministre Édouard Philippe, le 6 décembre 2018. Tout à la fois impitoyable avec les casseurs qui dévoyaient cette révolte populaire – *« des actes de barbarie qu'il faut punir de la façon la plus sévère »* – et cinglant avec un pouvoir sourd au cri de colère de sa population – *« en décalage »*, *« technocratique »*. Lui qui se prévaut d'avoir contribué à faire découvrir le sociologue Christophe Guilluy, et ses travaux sur la France périphérique, avait défendu à la tribune du Sénat *« cette France du déclassement qui travaille dur, qui ne parvient pas à boucler ses fins de mois, qui manifeste en plantant des drapeaux tricolores sur les ronds-points, en chantant* La Marseillaise. *Nous ne confondons pas cette France du labeur avec la France de l'ensauvagement »*.

Dans sa campagne pour la présidence des Républicains au printemps 2025, il préconisait du reste une baisse d'au moins 10 % des charges sociales pour distribuer aux salariés l'équivalent d'un treizième mois et *« vivre de son travail dignement »*. Tout en crucifiant les 35 heures, responsables à ses yeux d'une « smicardisation » des salariés français. S'il n'a jamais enfilé de chasuble jaune, contrairement à un Laurent Wauquiez, il a épousé l'une des principales causes des manifestants sur les ronds-points : l'instauration du

RIC (référendum d'initiative citoyenne), mais *« encadré »*. Bruno Retailleau professe de longue date qu'il faut en revenir au peuple, consulter les Français par référendum sur de grands sujets transversaux. Un combat qu'il a repris après la censure par le Conseil constitutionnel d'une large partie de la loi immigration, qu'il avait réécrite. Cette *« cléricature des costumes noirs »* et des *« cours suprêmes »*, selon son expression, il entend la freiner en réformant un jour la Constitution de 1958 pour pouvoir interroger les Français sur les questions migratoires. *« Le général de Gaulle disait : "La cour suprême, c'est le peuple." Le malaise des peuples occidentaux, c'est qu'ils ont le sentiment que leurs voix ne comptent plus, de ne plus pouvoir se gouverner par eux-mêmes »*, tranche-t-il. Du temps où ses relations étaient encore au beau fixe avec Emmanuel Macron, il lui avait rédigé une note circonstanciée pour l'encourager dans cette voie. Sans trop y croire, toutefois.

Ce positionnement idéologique sera-t-il de nature à lui ouvrir un jour les portes du pouvoir ? Ou lui barrera-t-il au contraire la route ? Une personnalité de poids, en coulisse, lui livre ses conseils pour séduire les Français : l'ancien président Nicolas Sarkozy.

9

Le coach de Miromesnil

Arrimé à son smartphone, transporté par une joie nouvelle, Bruno Retailleau arpente à grandes enjambées le parc de Beauvau, sans un regard pour les roses fraîchement écloses. *« C'est fait ! J'ai gagné à 74 %. »* Après sa large victoire face à Laurent Wauquiez, il a tenu à appeler un homme, le premier entre tous : Nicolas Sarkozy. Comment ne pas voir là un passage de relais symbolique avec celui qui fut le père fondateur des Républicains et entama, une vingtaine d'années avant lui, sa grande marche sur l'Élysée depuis ces mêmes murs ? S'il a veillé à ne pas se mêler de cette compétition interne, l'ancien chef de l'État n'en a pas raté une miette, prêt à parier sur la victoire du Vendéen, avantagé par le feu des projecteurs. En politique, professe-t-il en digne connaisseur, rien ne remplace l'effet « vu à la télé ».

Ils ne sont pourtant pas, doux euphémisme, les meilleurs amis du monde. Quoi de commun entre le rural des contrées de l'Ouest, catholique pratiquant, adepte de la frugalité, et l'ancien maire de Neuilly, agnostique contrarié, qui jouit des plaisirs de la vie et ne s'en cache pas ? Comment pourraient-ils seulement se comprendre ? Ils n'appartiennent pas à la même droite. Quand François Fillon, saint patron de Retailleau, imaginait des remèdes de cheval pour redresser un pays *« en faillite »*, l'ancien président, instruit par l'exercice ingrat du pouvoir, répétait qu'il ne fallait point trop se risquer à cabrer un peuple par nature éruptif. *« N'oubliez jamais qu'ils ont décapité ce bon Louis XVI ! »* martèle-t-il à tous ceux qui promettent aux Français des saignées et des larmes. Il fut même un temps, avant la présidentielle de 2022, où il expliquait avec la plus grande fermeté à ceux qui défilaient dans ses bureaux de la rue de Miromesnil qu'il appellerait sans hésiter à voter Macron si, par malheur, le nom de Retailleau, ce filloniste honni, venait à sortir du chapeau lors de la primaire organisée par sa famille politique. Retailleau candidat à sa succession ? N'y pensez pas ! Finalement investie par son camp, Valérie Pécresse ne lui inspira pas davantage de clémence. Jamais il ne lui apporta son soutien. Retailleau, qui n'y croyait pas davantage fut, lui, fidèle jusqu'au bout à la Francilienne et n'a pas pardonné, sur l'instant, à Nicolas Sarkozy de ne pas en avoir fait autant. La famille, si dysfonctionnelle soit-elle, reste la famille. Au point, tout à sa rancœur, de le menacer de l'excommunier de son propre parti. *« Je vais vous faire une confidence : si je suis élu et s'il souhaite quitter LR, qu'il le fasse. Je ne le retiendrai pas »*, bombarde Bruno

Retailleau à l'automne 2022, en lice pour le parti face à Éric Ciotti, avant d'étriller le bilan de l'ancien président, accusé de ne pas avoir eu l'audace de réformer la France en profondeur. Voilà pour le lourd passif entre ces deux hommes.

*

Il faut reconnaître à Nicolas Sarkozy d'avoir été d'une grande clairvoyance. Il a très tôt compris, dès l'entame du premier mandat d'Emmanuel Macron, que la droite n'aurait d'autre solution que de s'allier à lui, de gré ou de force, pour éviter une mort certaine. Non pour se mettre à son service, mais pour lui dicter sa loi. C'est dire son plaisir lorsqu'il voit les siens se plier enfin à son plan et prendre le chemin du gouvernement, à la faveur de cette dissolution qu'il n'a pas digérée. Le président, croisé la veille, n'avait pas jugé utile de lui en toucher un mot. Tant pis pour lui, songe-t-il, alors que Michel Barnier s'installe à Matignon.

Oh, il n'a jamais tenu le Savoyard en très haute estime et avait levé les yeux au ciel à l'époque où François Fillon avait insisté pour le nommer au portefeuille de l'Agriculture. Premier ministre, jamais il n'y aurait songé. Piquant, Sarkozy ne se prive pas de narguer Retailleau, tout juste nommé ministre, en le renvoyant à ses déclarations passées, lorsqu'il jurait la main sur le cœur que jamais la droite ne se compromettrait avec la macronie : « *Alors Bruno, je croyais que c'étaient les traîtres qui travaillaient avec Macron. Tu es devenu un traître ?* »

Voilà pour les taquineries d'usage, car il a grandement apprécié ses premiers pas. Habile, le nouveau maître de Beauvau a eu la délicatesse de l'appeler dès qu'il a su que son nom circulait. Quelques jours après sa nomination, il le convie à déjeuner et sollicite depuis régulièrement ses conseils sur les dossiers les plus sensibles. Il sait à quel point il a marqué ce ministère de son empreinte et laissé aux forces de l'ordre un fier souvenir. « *J'ai tué le job* », s'est longtemps vanté Sarkozy, pas totalement à tort. Grand affectif, l'ancien président a été sensible à ces marques de respect. « *Il guidera certains de mes pas* », confie le nouveau ministre dans le Falcon de la République qui le conduit en Italie pour son premier sommet international.

Dès les premiers jours de son action, il donne le ton, imposant un rythme d'enfer à ses équipes et inondant littéralement les médias, gagnés par la « Retailleau mania ». Sarkozy, qui n'aime rien tant que ceux qui ont « *la niaque* », est conquis. « *J'ai apprécié sa façon féline de s'emparer du ministère de l'Intérieur. Il l'a fait, non pas comme un bourgeois de Vendée, mais comme un mort de faim, un carnivore ! C'est un homme droit, courageux*[1] », applaudit-il un jour qu'il nous reçoit au 77. Lui qui a toujours expliqué à ses ministres qu'ils devaient savourer le temps, si fugace, passé au service des Français, est séduit par l'énergie

1. Rencontre avec l'auteure, 20 mars 2025.

brute que déploie ce lointain successeur. Là où les détracteurs de l'ancien sénateur ne voient que jubilation et jouissance malsaines, lui reconnaît, pour les avoir expérimentées, la puissante adrénaline du pouvoir, la soif de faire et de changer le cours des choses. La gauche, au bord de l'apoplexie face à un Retailleau qui chasse sur les terres du RN, attaque ? Le patriarche de Miromesnil monte en défense : « *Dès que quelqu'un veut faire quelque chose, il est immédiatement accusé d'être quelque part entre Hitler et Laval*[2] *!* » Retailleau n'est certes pas devenu son dauphin, mais il lui trouve du mérite et ne verrait pas d'un mauvais œil sa candidature à l'Élysée.

Il n'a qu'un point à lui reprocher, sa radicalité sur les questions de société. Il l'a mis en garde sur l'arithmétique électorale, implacable : dans une France composée à 52 % d'électrices, toute réserve sur l'interruption volontaire de grossesse ou la procréation médicalement assistée (PMA) coûte cher. « *Parce que tu es croyant, Bruno, tu dois être plus ouvert !* » presse-t-il, pas sûr d'être entendu.

Retailleau le confesse volontiers, lui aussi s'est pris d'affection pour cette « *bête politique* », qu'il avait trop longtemps négligée. « *J'ai découvert quelqu'un d'un niveau très supérieur sur le plan personnel, politique, un affectif, quelqu'un de droit. On peut être d'accord avec lui ou pas, il est droit* », flatte-t-il. Ensemble, ils ont fini par bâtir, sur le tard, une relation de confiance.

2. Entretien sur CNews et Europe 1, 30 septembre 2024.

Si bien que lorsque Sarkozy est condamné au port d'un bracelet électronique dans l'affaire des écoutes, Retailleau n'hésite pas un instant à se faire son avocat. Il revisite même désormais son bilan de 2007-2012, lui trouvant des circonstances atténuantes avec la grande crise économique et financière : « *C'est le seul quinquennat où il y a eu un vrai effort de suppression de postes administratifs, une vraie volonté politique*[3]. »

Une faveur plus personnelle est allée droit au cœur de l'ancien président : Bruno Retailleau a pris le temps de recevoir son fils Louis, qui se pique de politique et aura grand besoin du soutien du chef des Républicains s'il part à l'assaut des élections municipales de 2026.

*

Nicolas Sarkozy est un homme d'intuitions, un animal politique hors normes, capable de fulgurances rares. Dans les jours qui suivent la victoire de Retailleau à LR, la situation se tend brutalement en macronie. Des échos font état de soudaines remontrances d'Emmanuel Macron à son endroit dans le secret d'un Conseil de défense consacré à l'entrisme des Frères musulmans. « *Ce n'est pas sérieux* », tance à huis clos le président en invitant les membres du gouvernement à revoir leur copie, jugée bâclée, et le ministre de l'Intérieur en particulier à réviser ses méthodes, suspecté d'avoir fait fuiter dans la presse

3. Entretien avec l'auteure, 2 janvier 2025.

un rapport confidentiel pour assurer sa promotion. Le DRH de l'Élysée signifie au nouvel homme fort de la droite qu'il est avant tout son ministre. En clair : son obligé. Dans les rangs progressistes, la guerre de LR, qui a contraint Retailleau à tirer à droite toute, a laissé des traces. C'en est fini de la clémence dont il bénéficiait. Sur leur messagerie WhatsApp, des députés EPR (Ensemble pour la République) laissent éclater leur colère, allant jusqu'à lui décerner une vexante « OQTG » (« obligation de quitter le gouvernement »).

Sarkozy l'a pourtant mis en garde de longue date : s'il ne veut pas finir broyé dans cet écosystème gouvernemental dont il n'est qu'une pièce rapportée, il lui faudra claquer la porte. Et le plus tôt sera le mieux. Qui sait quelles mauvaises surprises réserve encore ce quinquennat de tous les possibles, alerte le fauve vieillissant, pas certain que Macron achèvera son mandat ou qu'il ne sera pas contraint à une nouvelle dissolution, au résultat pire qu'incertain. Et Retailleau dispose à ses yeux d'un prétexte tout trouvé pour reprendre sa liberté, les tensions diplomatiques avec l'Algérie. Elles ont donné lieu à un désaccord stratégique majeur entre l'Intérieur, partisan d'un implacable bras de fer et d'une *« riposte graduée »* face au régime algérien – qui détient dans ses geôles l'écrivain franco-algérien Boualem Sansal – et les diplomates du Quai d'Orsay, plus enclins par formation à la négociation. *« Voilà comment les grandes nations consentent à leur affaiblissement »*, soupire en privé le patron de l'Intérieur. Dans cette affaire, Nicolas Sarkozy l'a certes jugé courageux, mais pas suffisamment audacieux. « *Tu es un bon élève, Bruno.* » Comprendre : trop. L'ancien président regrette-t-il d'avoir manqué lui-même de témérité ? Il avait écarté, durant sa campagne de 2012, le conseil de son éminence grise, Patrick Buisson, qui lui suggérait de dénoncer les accords de 1968 qui régissent les flux migratoires entre les deux rives de la Méditerranée. Qui sait si la face de la présidentielle en eût été changée ?

Sur ce sujet épidermique, Sarkozy et Retailleau sont en phase : pas question de complaisance, au nom du passé colonial, avec le régime d'Alger. « *Je ne reconnais à aucun pays un droit de tirage mémoriel pour insulter la France* », proclame le Vendéen, qui dénonce les privilèges « *exorbitants* » dont bénéficient de son point de vue les ressortissants algériens en matière d'entrée sur le territoire[4]. « *Il y a une tétanie française. On n'ose pas dire son fait à l'Algérie parce qu'on n'a pas digéré cette culpabilité* », regrette l'un de ses vieux compagnons de route, partisan lui aussi, de la manière forte.

C'est peu dire que Bruno Retailleau, dont le père a servi en Algérie et qui parle de Boualem Sansal comme d'un « *ami* » – rencontré lorsqu'il était président du groupe LR du Sénat – a un désaccord radical avec Emmanuel Macron sur ce sujet qui touche à l'identité même du pays. Hostile à l'idée d'une « *repentance perpétuelle* » vis-à-vis de l'Algérie, le Vendéen considérait ainsi en 2020 que la colonisation n'avait pas été faite

4. Réunion publique à Montaigu (Vendée), 28 mars 2025.

que de « *moments sombres* ». En février 2017, il s'était aussi cabré, dénonçant « *une énorme faute* », lorsque le candidat En Marche ! avait présenté sur une chaîne télévisée algérienne cette page de l'histoire de France comme une « *barbarie* » et un « *crime contre l'humanité* ». Une plainte pour injure, somme toute symbolique, avait été déposée à l'époque contre Macron par un certain Thierry Rolando, président du cercle algérianiste de France, association de pieds-noirs revendiquant près de 10 000 adhérents. Le même Rolando qui, on l'a vu, conseillait Bruno Retailleau sur les dossiers économiques. Suspendue le temps du mandat d'Emmanuel Macron pour cause d'immunité présidentielle, la plainte est toujours pendante.

Le président peut-il l'ignorer lorsque le Vendéen s'installe à la table du Conseil des ministres ? C'est, entre eux, un poison lent. À bien y regarder, le « premier flic de France » a parfaitement suivi le conseil de Nicolas Sarkozy de réfléchir à son départ. Il n'est pas interdit de penser qu'il a sciemment monté le sujet algérien en épingle, se préparant ainsi un sérieux passeport pour la sortie.

10

Le clan

Dissimulée au fond de la salle au milieu de la foule, les doigts pensivement posés sur les lèvres, elle ne perd pas un mot du discours de Bruno Retailleau, qui déambule micro en main face à quelque 800 personnes dans un seyant costume sombre. Qui prête attention à cette élégante brune entre deux âges, en tenue noire passe-partout et baskets blanches, anonyme parmi les autres ? Tous sont venus écouter le ministre de l'Intérieur, enfant du pays, de retour quelques heures dans son fief pour une réunion publique à Mouilleron-le-Captif, à quelques encablures de La Roche-sur-Yon. Isabelle Retailleau, puisqu'il s'agit d'elle, pensait retrouver son mari le soir même dans leur demeure de Saint-Malô. L'actualité a contrarié leurs plans.

Ce 18 décembre 2024, le ministre de l'Intérieur, plongé dans les pénibles tractations pour boucler le gouvernement Bayrou, a fait 450 kilomètres par la route depuis la capitale pour retrouver ses *« copains »*, son réseau local de soutiens. Des élus, militants et chefs d'entreprise. Quand tout tangue, c'est auprès de cette seconde famille qu'il aime se ressourcer. « *Vous les miens, les Vendéens* », comme il dit souvent. Prévue de longue date, la rencontre tombe mal, pourtant. Le ministre, dont le maintien en poste est en jeu, rentre à peine d'un éreintant périple qui l'a conduit de la Corse, pour accueillir le pape François, à Mayotte pour constater les dégâts du cyclone. Lui qui espérait passer la nuit chez lui doit, sitôt son discours achevé, regagner Paris où il est attendu le lendemain pour une entrevue avec ses homologues allemand et britannique.

Puisqu'il ne peut venir à elle, son épouse est donc venue à lui, quitte à ne partager que quelques minutes en sa compagnie. Elle sait qu'elle le partage désormais avec une rivale exigeante : la France.

Près de quarante ans que ce couple discret s'est uni le 31 décembre 1988. Fusionnels, ils en viendraient presque à se ressembler, tous deux bruns, fluets, le regard déterminé. Une fois seulement, Bruno Retailleau nous a parlé de cette « *âme sœur* », Isabelle, née Bobet, rencontrée au Puy du Fou, nous confiant avec une franchise surprenante compte tenu de sa pudeur : « *Que voulez-vous, je l'aime !* »

D'elle, on ne trouve nulle trace ou presque. L'ancien sénateur protège farouchement sa tribu. Sollicitée pour cet ouvrage, Isabelle Retailleau n'a pas souhaité s'exprimer. Lui, c'est lui, elle, c'est elle. Elle tient à sa vie de médecin scolaire et entend préserver sa liberté.

En retrait de la vie publique, elle est pourtant toujours à ses côtés, attentive au moindre soubresaut de sa carrière. C'est elle qui l'a aidé à remonter la pente après la rupture dévastatrice avec Philippe de Villiers. Elle qui l'a épaulé quand tout lui filait entre les doigts. Elle, encore, qui se demande où tout cela va les mener. Jusqu'où va-t-il se hisser ? Les ambitions élyséennes naissantes de son mari les contraignent à se projeter dans des lendemains possiblement vertigineux. Déjà, il ne s'appartient plus. Cette vie, elle n'en a pas rêvé. Elle aussi a le tournis, mais jamais elle ne se mettra en travers de sa route. À leurs amis qui les félicitaient de la nomination de « *Bruno* » à Beauvau, elle répétait que tout cela arrivait pour lui à point nommé.

Les esprits un peu courts, excipant de la foi très ancrée du ministre, imaginent volontiers une épouse soumise. « *Dans l'esprit d'un Retailleau, la place de la femme, c'est à la maison !* » cravache un Vendéen qui tient – on le comprend – à son anonymat. C'est mal connaître le tempérament de cette femme. « *C'est une mère louve*, glisse un intime. *Elle a ramassé Bruno à l'époque Villiers, heureusement qu'elle était là ! Elle a ses têtes, des gens qu'elle aime et d'autres pas. Elle ne veut pas apparaître. Elle est bien du genre à se mettre au fond de la salle !* »

La « *part ténébreuse* » à laquelle son mari est chaque jour confronté dans ses fonctions, elle aussi connaît. Bien avant les attaques au couteau perpétrées par des lycéens à Nantes ou à Nogent, elle a vu la violence à l'école. *« Avec son métier, elle a connu l'ensauvagement avant lui »*, témoigne un ami.

Et si le prochain président de la République était un Vendéen ? Abyssale question pour ce couple jaloux de son intimité. Depuis qu'il a accepté ce poste ministériel exposé et pris les commandes de sa famille politique, ils sont tenus de se préparer à cette folle éventualité. Le voici, sauf accident de parcours, en orbite pour la présidentielle de 2027. Toujours, ils ont résisté aux sirènes de la presse à sensation. Y compris durant la bataille interne pour les Républicains, lorsque Laurent Wauquiez était escorté dans le moindre de ses déplacements par son épouse Charlotte, devenue son atout charme auprès des militants. Le couple Retailleau avait parfaitement cerné le message subliminal visant à le faire apparaître, lui, comme un homme seul. Ils ont tenu bon, se conformant à leur pacte de discrétion. Jusqu'ici, néanmoins.

Dans une campagne élyséenne, où chaque candidat passe au scanner des médias et voit sa vie personnelle intégralement épluchée, cet effacement choisi ne deviendrait-il pas un handicap ? *« Si Bruno pense qu'il pourra éviter la case people, il se trompe ! L'émission qui cartonne pour la présidentielle, c'est* Ambition intime *»*, alerte un communicant. Dans notre inconscient collectif persiste cette idée, qui fleure bon le passé, qu'on ne porte pas au sommet du pouvoir un homme (ou une femme), mais un couple. Et si la modernité consistait à cesser de penser que les conjoints d'élus sont des arguments marketing qu'il convient de mettre en scène ?

« Si Bruno devenait président, Isabelle garderait sa vie et ne vivrait pas à l'Élysée », projette un fidèle, imaginant leur vie chamboulée. Leurs proches, peut-être plus lucides, en doutent fortement : *« Vous croyez qu'elle pourrait garder son boulot ? Bien sûr que non ! »*

★

En plus de trente-cinq ans de vie politique, Bruno Retailleau a bâti un solide réseau de fidélités, des cercles concentriques dévoués, comme une armée de terre cuite encore couchée, prête à se lever au premier coup de sifflet. Au cœur du réacteur se trouvent ses croisés, le clan des Vendéens, qui l'accompagnent depuis près de quinze ans pour les plus jeunes, et quarante pour les plus âgés. Ils constituent l'armature de son cabinet à l'Intérieur et, désormais, au parti. Avec le temps, ces hommes, premiers pèlerins du culte retailliste, ont appris à décoder la moindre de ses mimiques. Ses soupirs quand les contrariétés et les nuits trop courtes s'enchaînent ; ses sourcils arqués lorsqu'il égare une importante note rédigée de son écriture impossible, qu'eux seuls savent déchiffrer ; sa voix flûtée et ses yeux qui plissent, aussi, lorsqu'il a la plaisanterie au bord des lèvres.

Dans l'austère phalanstère de Beauvau, le patron aime détendre l'atmosphère en les faisant bisquer. Comme ce jour où, rentrant d'un Conseil des ministres à l'Élysée après une importante salve de nominations de préfets, il entreprend son directeur de cabinet, Franck Robine : « *Dis donc, ce que tu m'as proposé, la vache ! Je me suis pris le président, Valls et Borne contre moi !* » Sous pression, le « dir-cab » tombe dans le panneau, jusqu'à ce que Retailleau parte d'un grand éclat de rire.

Il n'y a guère qu'à la « Firme » qui a accompagné Nicolas Sarkozy dans sa conquête du pouvoir qu'ils puissent être comparés. « *Les gars* », comme il dit en parlant de cette équipe très testostéronée, ne pourraient travailler pour nul autre que lui, au point que leur destinée se confond avec la sienne. Là où il va, ils vont. Entre eux, point d'embrassades comme dans d'autres cabinets de la macronie. On se serre la main, dans une distance polie. Tous le vouvoient, à l'exception des plus anciens. Souvent, ils l'aiguillonnent, quand ils sentent chez lui une hésitation, une réserve prudente avant de partir à l'assaut. Ils ont de l'ambition pour lui et devancent ses désirs, faisant en sorte de lui ouvrir toujours le champ des possibles. Si le besoin s'en fait sentir, ils n'hésitent pas à parler cash. « *On peut tout lui dire. Il est très rare qu'on ne soit pas d'accord mais, quand c'est le cas, on le fait savoir, et parfois de façon carrée. Il prend en compte ou il maintient, mais il écoute* », raconte l'un.

Lorsque s'est posée la question de prendre ou non le parti, les plus jeunes de la bande n'ont pas tergiversé. Lui, si. « *Les gars seraient furieux de m'entendre, mais je n'en ai pas envie !* » soupirait Retailleau devant ses proches, avant de se raviser et de se jeter à corps perdu dans cette conquête, préalable indispensable à la prise du pouvoir suprême en 2027. Mais peu leur importe qu'il les suive ou non : *in fine*, c'est toujours lui qui fixe la ligne et fait ses choix.

Ces conseillers soudés, qui se gardent de toute concurrence malsaine, ont fait leurs armes auprès de Philippe de Villiers, du temps du Mouvement pour la France et du conseil général. Malgré toute l'affection qu'ils portaient au fondateur du Puy du Fou, ils se sont mis comme un seul homme au service de son premier adjoint, écœurés des vexations qui lui étaient infligées. C'est l'époque où, lorsqu'un collaborateur quittait le groupe, il se voyait offrir une gravure à l'effigie des généraux royalistes et catholiques de Vendée qui avaient affronté la Convention révolutionnaire : les François Athanase de Charette de La Contrie, Charles de Bonchamps, Jacques Cathelineau et Henri de La Rochejaquelein, dont les noms résonnent à leurs oreilles comme autant d'aventures.

Dans ce club fermé de Beauvau, tous sont de droite, plus encore que leur patron. Catholiques revendiqués, les quadras récusent l'étiquette traditionaliste. Résidents de villages de l'Ouest qu'ils rejoignent dès qu'ils le peuvent, ils fuient les mondanités parisiennes. « *Ils appartiennent à la droite version Christine Boutin et Manif pour tous, alors que Retailleau a un côté davantage chrétien-démocrate de par son passage au Sénat. Ce que les Français aiment dans cette droite, c'est qu'elle leur rappelle une forme d'enracinement qu'avaient leurs grands-parents* », analyse un stratège. « *Ils sont très “union des droites”, plus que Bruno* », résume un fidèle de Michel Barnier, qui les a pratiqués et n’a jamais eu à s’en plaindre durant les trois mois que l’ancien commissaire européen a passés à Matignon. *« Il n’y a pas, parmi nous, de Patrick Buisson »*, insiste un membre du clan, pour bien signifier que Bruno Retailleau n’a nul besoin de gourou.

Louis-Marie Le Roy est, entre tous, le chef d’orchestre. Caché derrière sa barbe fournie, le regard ombrageux de nature à dissuader les curieux, il a la main haute sur l’agenda de son ministre, qu’il bouscule dès lors qu’il décèle chez lui le besoin urgent de retrouver les siens. Ce quadragénaire avenant, attaché aux valeurs familiales, n’a jamais oublié cette soirée de Vendée Globe, dans les années 2000, où il a croisé sa route, intrigué par cet homme capable de commander, dans un bar marin des Sables-d’Olonne, une camomille. Pour lui aussi, la rupture fut brutale avec Villiers. Mutique sur le sujet, Louis-Marie Le Roy a effacé de sa mémoire le temps où il travaillait pour Vendée TV, chaîne subventionnée par le conseil général. Un reportage où apparaissait Retailleau, déjà en disgrâce, lui avait alors valu de vertes remontrances.

C’est lui qui a recruté la « plume » Briec Le Gouvello, Breton originaire de Vendée, et le communicant Jean-Baptiste Doat, *alias* « JB ». Un personnage de roman, celui-là. Rejeton d’une famille nombreuse d’un village de Vendée, il a connu Villiers, très lié à ses parents, lorsqu’il était enfant. En 1995, pas encore majeur, il suit de loin sa campagne présidentielle, avant de devenir plus tard président des jeunes du MPF. Lors de la présidentielle de 2007, il pilote la com' du candidat Villiers, recruté par Guillaume Peltier. Ils sont, depuis, fâchés. Longtemps, Villiers a gardé sur son répondeur téléphonique un message d'accueil, avec la voix d'un jeune homme. Son fils Nicolas, songeait-on. Raté, il s'agissait de Jean-Baptiste Doat, qu'il cherchait peut-être à embarrasser. Tenant d'une droite franchement conservatrice sur le terrain sociétal et libérale sur le volant économique, le quadra assume de faire le lien avec les élus de tous bords à l'Assemblée, de la macroniste Maud Bregeon au lieutenant de Marine Le Pen, Renaud Labaye, ou à Cyril Hanouna. Il a brièvement travaillé – il ne s'en cache pas – pour le milliardaire Pierre-Édouard Stérin. Et ne fait pas non plus mystère de sa foi. Son frère, don Pierre Doat, est le recteur de l'abbaye du Mont-Saint-Michel. En 2015, Jean-Baptiste Doat avait fondé une école catholique hors contrat avec son épouse. Hébergé un temps dans leur domicile de La Roche-sur-Yon, l'établissement Jean-de-La Fontaine accueillait à la fin une quarantaine d'enfants, avec prière le matin, médailles d'honneur chaque semaine et apprentissages traditionnels. Il en est fier, au point d'avoir laissé le site Internet en sommeil à titre de souvenir. Un peu pirate, franchement canaille, cette pièce maîtresse du dispositif n'aime rien tant que la haute mer. Le calme plat ? Très peu pour ce résident de l'Île-aux-Moines, dans le Morbihan. Pour son patron, il rêve de ponts d'Arcole, et bien sûr d'Élysée. Quand Bruno Retailleau était encalminé au Sénat, il a pris du champ, se consacrant à son cabinet de conseil, baptisé Qatane. « *C'est un corsaire, un anar de droite, un créatif. Il a un côté droite Houellebecq, un peu déglingue* », dépeint un vieux copain, qui s'amuse de ses sweats à capuche et se souvient l'avoir vu déménager un jour dans une vieille estafette revêtu d'un T-shirt « Les jeunes avec Fillon ». « JB » a eu sa part dans une cocasse affaire, lorsqu'on découvrit sur les fichiers des Républicains un adhérent insolite : le chien Clovis, dont le maître Antoine de Chemellier, fin stratège proche de Ciotti, compte parmi ses proches. Complices, les deux trublions s'étaient mis en tête de démontrer par l'absurde les risques de fraude aux élections internes à droite, sans mesurer l'impact de cette blague de collégiens. On doit, enfin, à « JB » Doat l'influent compte Twitter (devenu X) « Madame Michu » qui attaquait la gauche avec férocité.

D'un abord plus austère, souvent craint, le sexagénaire Jean-François Dejean connaît Retailleau depuis les années 1980, quand il travaillait au rectorat de Nantes, avant de devenir son directeur de cabinet au « Château ». Privilège de l'âge, il le tutoie. Il est son homme de confiance, celui qui fait respecter la ligne et enfonce les portes, même fermées, l'épaulant dans son combat contre « *l'impossibilisme* ». Conseiller spécial à Beauvau, pas passé par l'ENA, il tenait la dragée haute aux « technos » du gouvernement. « *Il vient d'une droite RPR dure. C'est l'homme qui veille jalousement sur la ligne* », glissait un membre de l'équipe du temps où il œuvrait à Beauvau. C'est à lui que le nouveau leader de la droite a confié le poste stratégique de directeur général de LR. « *Ils ont tous trahi Philippe de Villiers. Ils forment sa petite cour* », persifle un élu de Vendée, qui ne les porte pas dans son cœur.

Vendéen lui aussi, l'élégant trentenaire Pierre Vitali, enfin, veille sur les « affaires réservées » du ministre. En clair, sa vie privée.

Lorsque sa promotion comme « premier flic de France » lui a été confirmée, Bruno Retailleau a aussitôt appelé le filloniste Franck Robine, pour lui proposer de piloter l'équipe : « *Fais tes valises !* » Jamais il n'aurait imaginé accepter cette mission s'il n'avait eu à ses côtés cet homme qui pense à mille à l'heure et dort moins que lui encore. Seul méridional de la troupe, Robine ne se prive pas de taquiner ses collègues vendéens en leur rappelant que Georges Clemenceau fut aussi sénateur du Var. Grand serviteur de l'État, préfet de la région Bourgogne, il fut pendant cinq ans le chef de cabinet de François Fillon à Matignon, avant de devenir le bras droit de Bruno Retailleau à la région Pays de la Loire. Tenant d'une ligne gaulliste sociale, il est l'époux à la ville de Catherine Séguin, fille de l'ancien ministre et préfète de l'Isère.

Qui sait que Franck Robine a joué un rôle primordial dans une épopée qui compte parmi les plus grandes fiertés de son patron ? Ensemble, ils ont créé de toutes pièces un musée d'art moderne dans la prestigieuse enceinte de l'abbaye royale de Fontevraud, en terres ligériennes, en pleine épidémie de Covid. C'est Robine qui l'a mis en contact avec Martine et Léon Cligman – elle artiste, lui industriel devenu milliardaire –, qui souhaitaient léguer leur collection de près de 900 œuvres. Des Corot, Rodin, Degas, Derain, des statuettes de la Grèce présocratique, convoités par les musées de France, le Louvre en tête. Retailleau émarge toujours au conseil d'administration, à titre bénévole. Robine garde en mémoire le subtil hommage qu'il lui avait rendu pour l'inauguration du site, louant le rôle que les préfets avaient joué au XIXe siècle, à la demande de Prosper Mérimée, pour dresser le premier inventaire des chefs-d'œuvre en péril du patrimoine. Lui seul, dans l'assistance, avait saisi le clin d'œil qui dit tout de la complicité entre ces deux hommes, cultivés, capables de se comprendre sans presque se parler.

Deux femmes complètent cette garde rapprochée : Florence Coupry de l'agence Image 7 d'Anne Méaux, qui épaule Jean-Baptiste Doat à la communication ; et Céline Platel, adjointe de Louis-Marie Le Roy, passée par le groupe aéroportuaire ADP.

Parmi les responsables politiques de droite aussi, l'ancien sénateur entretient des fidélités électives. C'est François-Xavier Bellamy, ancien professeur de philosophie aux positions conservatrices affichées, qu'il a choisi comme bras droit pour diriger les Républicains, avec le rang de numéro deux. Le député européen était des *happy few* présents à ses côtés au soir de sa victoire pour le parti. De même s'est-il attaché les services de l'ancien député du Vaucluse Julien Aubert, aux positions souverainistes et résolument droitières, longtemps élu dans la circonscription voisine de celle de Marion Maréchal. Quant à Othman Nasrou, proche de Valérie Pécresse, qu'il a choisi comme secrétaire général du parti, il se veut intraitable sur les questions de sécurité et de laïcité.

« C'est le dernier carré des fillonistes ! » esquintent les proches de Laurent Wauquiez. Tous d'une politesse exquise, ces hommes incarnent une ligne dure qui fait parfois grincer des dents jusque dans leur camp. Tous ont défilé contre la loi Taubira sur le mariage gay. Et, s'agissant de Bellamy et Aubert, se sont opposés à la « PMA pour toutes » voulue par Emmanuel Macron, dénonçant une brèche ouverte vers la gestation pour autrui (GPA).

De quoi inquiéter à droite, où certains se demandent si cette ligne politique pèsera davantage demain dans les urnes que le score modeste de Bellamy aux européennes de juin 2024 : 7,2 %. *« Si Bruno veut vraiment construire quelque chose, il faut qu'il montre qu'il est capable de s'entourer de gens différents »*, presse donc un responsable LR, qui juge cet entourage bien trop monochrome et endogamique.

Dans ce tableau très masculin, les figures féminines ne sont pas forcément les plus mises en avant, hormis la ministre Annie Genevard, chargée de la commission d'investiture du parti, et la sénatrice de Paris

Agnès Evren, devenue porte-parole en chef. Le féminisme, cet impensé du retaillisme.

*

Impossible, dans ce portrait forcément parcellaire de la galaxie Retailleau, de ne pas évoquer pour finir le Cercle vendéen. Début juin 2025, le nouveau patron de la droite française, encore auréolé de sa victoire face à Wauquiez, reçoit dans les salons de réception du ministère de l'Intérieur une centaine de convives. Ces Vendéens, de racines ou d'adoption, intégrés par cooptation, se sont tous distingués dans leur profession respective : chefs d'entreprise, juristes, avocats et figures des médias, tels Serge Papin (ancien PDG du groupe Système U), Jean-Charles Tréhan (LVMH), Sylvie Tellier (présidente du Comité Miss France), l'eurodéputé et ancien général 4 étoiles Christophe Gomart, la présidente du mouvement patronal Ethic Sophie de Menthon, les journalistes Nathalie Renoux (M6) ou Patrick Roger (Sud Radio).

Sur les quelque 150 membres de cette association soudée, tête de pont à Paris de la Vendée, certains ont pu se libérer, d'autres pas. Alors que le ministre se fait attendre, l'assemblée bruit de questions : jusqu'où ira-t-il ainsi ? Le moment n'est-il pas venu de tirer sa révérence du gouvernement pour préserver ses chances d'être un jour candidat à de plus hautes fonctions ? Chacun a son avis, tranché, sur la question. « *Il doit partir, et vite, car le lait peut tourner !* » plaide un patron.

La situation se tend de fait pour le ministre Retailleau. Deux jours avant ces agapes, la victoire du PSG face à l'Inter Milan en finale de la Ligue des champions a été ternie par des violences et affrontements. Où était le « premier flic de France » attaque le RN, qui lui reproche un fiasco, tandis que LFI l'accuse d'avoir parlé de *« fabrique de barbares »* ? Le jour même de ses retrouvailles avec le Cercle vendéen, Bruno Retailleau a dû mettre sa démission dans la balance pour signifier au Premier ministre François Bayrou que, lui vivant, jamais il ne porterait la réforme instituant le mode de scrutin proportionnel aux législatives. Ce serait une trahison, à ses yeux, de l'esprit gaulliste de la Ve République.

De ces tensions, il ne laisse rien transparaître ou presque au micro, vantant les valeurs cardinales chères à sa terre d'élection : *« le don de soi », « l'entraide », « le goût des autres ». « Si la France ressemblait un peu plus à la Vendée, croyez-moi, ça irait un peu mieux dans le pays ! »*

Fondé en 2010-2011 par Jean-Paul Lubot, à la demande de Bruno Retailleau après qu'il a pris les commandes du conseil général, ce cénacle d'influence a contribué au rayonnement du département, longtemps enclavé et regardé comme « *has been* ». Il a également servi de sésame à l'ancien sénateur en lui permettant de se créer rapidement un réseau dans la capitale. *« On se voit tous les deux mois et on a plaisir à se retrouver. Il y a quinze ans, la Vendée n'avait pas la même image à Paris. C'était forcément le Puy du Fou. Vous étiez le Vendéen avec ses sabots et la paille qui sort des oreilles »*, s'amuse Jacques Gindre, patron de l'entreprise spécialiste du vêtement professionnel Mulliez-Flory, qui a plusieurs fois pu compter sur Retailleau quand son entreprise a traversé des heures difficiles. « *On a mené des guerres ensemble ! Quand il faut poser la première pierre ou inaugurer un bâtiment, il est là. Et quand il ne peut rien faire, il le dit, ce n'est pas la politique des copains. Il joue son rôle comme Antoine Dupont dans l'équipe de France de rugby. Ce n'est pas le plus costaud, pas le plus puissant, mais il passe les ballons.* »

Président du Cercle vendéen, fondateur en France du magazine people *Closer* et ancien directeur général délégué de la rédaction du magazine *Marie Claire*, Jean-Paul Lubot a largement ouvert son carnet d'adresses à l'ancien sénateur pour l'aider à se faire un nom chez les journalistes de renom de la place de Paris. Il lui a aussi permis de croiser la route de grands patrons, régulièrement conviés par le Cercle, de Xavier Niel (Free) à Patrick Pouyanné (Total) ou Alexandre Bompard (Carrefour). Gay revendiqué, heureux bénéficiaire de la réforme Taubira, marié en 2017 par Anne Hidalgo et jeune papa, Jean-Paul Lubot ne fait aucun mystère de sa vie personnelle. Ce déçu de François Fillon, qui a soutenu Emmanuel Macron et Gabriel Attal, au point d'être un temps donateur de la macronie, indique sans fard ne pas partager, loin de là, toutes les convictions de son ami ministre. Il n'a pas aimé qu'il défile contre le mariage gay. Et compte bien peser, dans l'optique d'une campagne présidentielle, pour le gagner à davantage d'ouverture d'esprit sur les questions sociales et sociétales. Pas le moindre des paradoxes face à un Bruno Retailleau entouré, dans son premier cercle politique, de conseillers et d'élus ultra-conservateurs. Pas réductible, décidément, à sa simple caricature. Bruno des villes et Retailleau des champs ?

11

La foi

S'il venait à conquérir le trône de Jupiter, Bruno Retailleau promet par anticipation : jamais il ne toucherait aux lois déjà votées sur les questions de société, de l'interruption volontaire de grossesse au mariage gay. Qu'il s'installe à l'Élysée pour cinq ou même pour dix ans, ces sujets par nature urticants feraient l'objet d'un « *moratoire* » pour ne pas fracturer davantage la société, apaisent ses proches, conscients que ses positions conservatrices constituent un puissant repoussoir pour l'électorat progressiste. « *On a tellement d'autres questions à régler que, désormais, je suis pour un moratoire au moment où la France est archipélisée, très souvent divisée*[1] », temporise le Vendéen.

Son plafond de verre, il le sait, est là. « *Le plus sage serait de faire une pause sur ces réformes. Il faut rassurer sur le fait que Bruno a ses convictions, comme de Gaulle qui était contre la contraception mais a laissé faire parce que*

1. Entretien avec l'auteure, 1er mars 2025.

les Français l'attendaient, sans se renier », rappelle un fidèle en référence à la loi Neuwirth promulguée fin 1967 par le Général pour légaliser la pilule contraceptive, malgré ses réserves personnelles. Un moratoire, vraiment ? Au vu de l'hyperactivité passée du sénateur de Vendée sur ces thématiques clés, il est permis de s'interroger sur la portée d'un tel engagement. Au palais du Luxembourg, il s'était d'ailleurs vu affubler d'un surnom révélateur : « Jamais sans ma Bible ». Un ministre macroniste s'alarme : *« Retailleau a peut-être rompu politiquement avec Villiers, mais il n'a certainement pas rompu avec toutes ses idées. »*

*

Au commencement était la foi. Le nouveau guide spirituel des Républicains est croyant, pratiquant, assidu de surcroît, et ne s'en cache pas. Pas du genre à dissimuler le prie-Dieu ni le portrait de la Vierge dans son bureau – bibliothèque à Saint-Malô. Chaque dimanche, lorsque ses fonctions ministérielles le lui permettent, il communie parmi les siens dans la petite église de sa commune, à la porte cochère rouge. Impossible d'ignorer cette croyance, chez lui si prégnante, dont il ne fait nul mystère.

En mai 2020, lors du premier déconfinement, il prenait la plume pour relayer publiquement les doléances de la Conférence des évêques de France, heurtée que le gouvernement d'Édouard Philippe diffère de plusieurs semaines la reprise du culte pour empêcher la circulation du virus. Une décision « *injuste et liberticide* », s'indignait le sénateur. Les quelques déplacements à l'étranger qu'on lui connaît sont, de même, tous liés aux chrétiens d'Orient et minorités yézidies, dont il présidait un temps le groupe de soutien sénatorial. Comme une prolongation de soi-même. Qui sait qu'il a versé les droits de son livre *Refondation*[2] en faveur de ces populations opprimées ? « *C'était un geste très conséquent, dont il ne s'est jamais vanté* », révèle un ancien de l'association Fraternité en Irak. En mission humanitaire pour convoyer de l'aide à l'automne 2014 à Erbil, dans le nord de l'Irak, Retailleau manqua de peu de tomber dans une embuscade, échappant à un attentat à vingt-cinq minutes près. Peu après son départ du gouvernorat, un kamikaze, qui ne le ciblait pas, faisait quatre morts au volant d'une voiture-bélier emplie d'explosifs.

« *Je me demande s'il a déjà eu la tentation de rentrer dans les ordres !* » grince un sénateur LR. Souvent croqué en grenouille de bénitier et rangé au rayon des ultras, le chef de la droite revendique tranquillement une foi rurale. Sa ferme, son village, son clocher, en somme. Une vie intérieure qui, à l'écouter, ne viendrait pas percuter sa pratique politique. « *Les gens me voient comme un catholique intégriste traditionaliste. En fait, je suis un des derniers représentants du catholicisme paroissial*, explique-t-il posément. *J'ai une foi simple et non identitaire. Je n'ai jamais voulu ériger ce qui est de*

2. *L'Observatoire*, 2019.

l'ordre de l'intime en bannière, en étendard. J'ai toujours dit que, contrairement à ce que l'on pense, la foi était une écharde dans le flanc. C'est avoir conscience qu'on n'est pas parfait, qu'on a des comptes à rendre. C'est une intranquillité fondamentale[3]. »

Ses proches, que cette « *reductio ad conservatum* » exaspère, se font plus virulents. « *Il a cette culture de la droite catholique où on s'occupe de son prochain. Quand il va à la messe, Bruno n'emmerde personne !* » proteste l'un. « *Il a des convictions, mais il respecte la vie des autres. Ce n'est pas un dictateur idéologique, il voit bien l'évolution de la société* », insiste Yves Gonnord du groupe Fleury Michon.

Dans ses fonctions gouvernementales, Retailleau défie quiconque de le prendre en défaut et prône une laïcité « *sans complexe* » qui sépare strictement les sphères publique et privée. Non que son discours ne soit parfois teinté de mysticisme, plus ou moins conscient : comme lorsqu'il évoque les « *cercles de feu* » qui tourmentent le pays, du narcotrafic à l'islamisme, la part « *ténébreuse* et *lumineuse* » qui réside en tout être, ou vante les vertus de « *l'espérance* ».

Rares sont ceux qui ont repéré cet édifiant lapsus lors de la réouverture de la cathédrale Notre-Dame. Interrogé sur France 2 sur le parvis, après avoir inspecté le dispositif de sécurité destiné à protéger la quarantaine de hauts dignitaires conviés, le ministre de

3. Entretien avec l'auteure, 23 décembre 2024.

l'Intérieur s'était laissé gagner par l'émotion, le regard respectueusement levé vers la façade restaurée de l'édifice millénaire : *« C'est grâce au ciel qu'aujourd'hui nous sommes ici... »* Sait-il que certains de ses collègues du gouvernement ont épié chacun de ses gestes durant cette cérémonie en mondovision, curieux de voir s'il oserait communier ? *« Je l'ai regardé : est-ce qu'il allait se laisser aller, se signer, entonner les chants religieux ? Non, mais ça a dû lui coûter ! »* lance l'une.

Cet homme entier convient lui-même que cette obligation de neutralité lui laisse parfois l'impression d'être désaccordé. À titre privé, donc, le fidèle Retailleau est un adepte de la spiritualité montfortaine, héritée du père Louis-Marie Grignion de Montfort qui évangélisa la Vendée au XVIIe siècle. Intarissable sur le sujet, il fait observer que la carte des missions du prélat se confond presque parfaitement avec celle de l'insurrection vendéenne contre la Convention révolutionnaire. Béatifié par Léon XIII, le père de Montfort théorisa la piété mariale à travers un *Traité de la vraie dévotion à la Sainte-Vierge,* dont Jean-Paul II fit son livre de chevet. En 1996, le pape vint s'incliner sur le tombeau de son maître, inhumé à Saint-Laurent-sur-Sèvre, non loin de chez les Retailleau.

C'est précisément dans cette commune de Vendée que fut assassiné en 2021 le père Olivier Maire, par un ressortissant d'origine rwandaise sous OQTF qu'il hébergeait au sein de sa congrégation. L'homme d'Église était un ami de Retailleau, qui pleure encore sa disparition brutale et regrette ses homélies.

Adolescent, le futur ministre fut scolarisé à Saint-Laurent, on l'a vu, dans un collège-lycée catholique des frères de Saint-Gabriel, héritiers de la tradition montfortaine. Une congrégation qui détient un triste privilège : elle fut la première en France à reconnaître en mai 2022 les actes de pédophilie perpétrés dans les années 1950 à 1970 dans plusieurs établissements de l'Ouest – en Vendée, notamment – par une vingtaine d'agresseurs, tous décédés. Peu disert sur cette affaire, le ministre assure n'avoir eu vent d'aucune agression durant sa jeunesse. « *On est arrivés à Saint-Gabriel au moment crucial du défrocage, quand les civils ont commencé à entrer dans les établissements après 1968. C'était plutôt à gauche, CGT-CFDT à fond. On n'a pas été malmenés, c'était passé et pas tellement chez nous* », assure un ancien camarade.

C'est logiquement qu'Emmanuel Macron charge fin 2024 son ministre des Cultes de recevoir le pape François en visite en Corse, quelques mois avant son décès. Aussi surprenant que cela puisse paraître, il dit n'avoir pas été transporté de prime abord par cette haute mission, mais avoir été surtout inquiet, comme le chef de l'État, que le Saint-Père ait un mot de trop sur le peuple corse, au risque d'enflammer les indépendantistes. Il l'avoue volontiers de surcroît, son pape de cœur demeure Jean-Paul II, qui fut un des artisans de la chute du communisme, combat structurant à ses yeux. Ce n'est que lorsque le pape François, tout de blanc vêtu, est descendu dans son fauteuil roulant au pied de son avion, sur le tarmac de l'aéroport d'Ajaccio, qu'il a été saisi par la portée du moment, prenant soudain conscience que lui, Bruno Retailleau, était chargé d'accueillir le chef des catholiques au nom de la République.

★

Qui peut prétendre que sa vie intérieure n'a pas d'incidence sur son action ? En plus de trente ans de vie politique, l'ancien villiériste s'est illustré par une défense vigoureuse et inlassable des valeurs traditionnelles familiales. « *C'est un catholique identitaire qui est devenu chrétien-démocrate. Les catholiques traditionalistes ont coutume de dire de quelqu'un qu'il est "pur". Sur les sujets de société, Retailleau est "pur"* », dissèque un stratège de droite.

Au point que la fondation Jérôme Lejeune, du nom du codécouvreur de la trisomie 21, dont Philippe de Villiers était proche, lui décerne ses remerciements en le citant nommément sur son site Internet pour avoir « *bataillé sans concession* » contre la recherche sur les embryons, durant l'examen au Sénat des lois de bioéthique en 2020. Ce lobby « pro-vie », anti-avortement et anti-euthanasie, avait été mis en cause en 2017 par des médecins et scientifiques de renom, dont le professeur René Frydman, père en France des « bébés éprouvette », car ses positions pouvaient desservir la recherche. À la rentrée 2022, le sénateur

Retailleau inaugurait pourtant la consultation nantaise de l'institut Jérôme Lejeune, avec la sénatrice LR de Loire-Atlantique Laurence Garnier. Une de ses proches, qui faillit être nommée ministre de la Famille dans le gouvernement de Michel Barnier[4].

Lors des discussions au Parlement sur l'inscription dans la Constitution de l'IVG, promesse d'Emmanuel Macron, le sénateur Retailleau se distingue de même par sa ferme opposition, au motif que ce droit n'est, selon lui, *« menacé en France par aucune formation politique »*. La Loi fondamentale, insiste-t-il alors, n'a pas vocation à devenir un fourre-tout. Lors du vote du 28 février 2024 au Sénat, 267 élus se prononcent pour et 50 contre, dont Bruno Retailleau et Laurence Garnier. Ce n'est que grâce à une savante réécriture proposée par le sénateur LR Philippe Bas, ancien collaborateur de Simone Veil, qu'un accord put être *in extremis* trouvé pour faire adopter cette révision constitutionnelle[5]. En 2016, déjà, le Vendéen s'était opposé à l'extension du délit d'entrave à l'avortement, en invoquant le droit à la *« liberté d'expression »*.

4. Face à la polémique provoquée par ses positions très conservatrices sur les questions de société, Laurence Garnier est finalement nommée au secrétariat d'État chargé de la Consommation.

5. L'alors sénateur de la Manche avait déposé un amendement remplaçant le mot « droit » par « liberté » pour compléter la Constitution comme suit : « La loi détermine les conditions dans lesquelles s'exerce la liberté garantie à la femme d'avoir recours à une interruption volontaire de grossesse. »

Bruno Retailleau a beau compter parmi ses soutiens des personnalités qui affichent ouvertement leur homosexualité et confier apprécier son ex-collègue du gouvernement, le macroniste Guillaume Kasbarian[6], qui a fait son coming out dans *Paris Match*, il n'en a pas moins été aux premières loges de la bataille contre le mariage gay. En janvier 2013, il protestait avec 600 personnes à La Roche-sur-Yon, puis défilait à Paris à l'appel de La Manif pour tous contre la loi ouvrant le mariage et l'adoption aux couples de même sexe. Une réforme qui, brandissait-il, ouvrait *« les portes à la PMA, voire à la GPA ». « Tout enfant est issu d'un père et d'une mère et a besoin de cette complémentarité pour construire son équilibre »*, martelait-il. Ce qui lui vaudra des années plus tard, une fois installé à Beauvau, une banderole au vitriol de supporters ultras lors du match OM-PSG au Vélodrome de Marseille, qu'il avait menacé d'interrompre en cas de dérapages : *« Retailleau soutien numéro un de La Manif pour tous. Et c'est nous les homophobes ? »*

Il est loin d'être le seul à droite à avoir milité contre la loi Taubira. Laurent Wauquicz, Jean-François Copé, Christian Jacob ou Brice Hortefeux ont tous, comme lui, protesté contre *« la République des désirs »*. Le candidat Macron, à l'époque où il flirtait encore avec Villiers, avait lui-même regretté en février 2017 la façon dont les opposants au mariage homosexuel

6. Ministre de la Fonction publique dans le gouvernement de Michel Barnier.

avaient été traités : « *On a humilié cette France-là.* » Retailleau se distingue toutefois par son compagnonnage prolongé avec Sens commun. Un mouvement issu de La Manif pour tous, né en 2013 pour peser sur la ligne idéologique de la droite, rattaché financièrement à l'UMP l'année suivante, et dont il va être un important relais. Quand il part à l'assaut de la région Pays de la Loire fin 2015, il lui octroie cinq places sur sa liste, dont quatre en position éligible. « *Sens commun sait pouvoir compter sur l'homme de conviction qu'il est pour porter très haut les valeurs que nous partageons avec lui* », vante alors Sébastien Pilard, président de ce Tea Party à la française et futur conseiller régional. Le mouvement, à l'époque, ne masque pas son grand dessein : « *La droite ne peut plus continuer à fuir la bataille des questions de société et renoncer, une fois revenue au pouvoir, à changer le statu quo instauré par la gauche.* »

Des mots qui prennent une résonance particulière à l'heure où les Républicains se remettent, derrière leur nouveau chef, à rêver de gagner l'Élysée. « *J'ai connu Bruno Retailleau en 2013 pendant La Manif pour tous. C'est un des rares qui a cherché des contacts assez profonds et, quand j'ai créé Sens commun, qui nous a accompagnés*[7] », confiait Sébastien Pilard en 2022. En vue de 2017, le sénateur militait encore pour l'abrogation de la loi Taubira et avait dédouané le successeur de Pilard,

---

7. Interrogé dans le cadre d'un portrait de Bruno Retailleau pour l'hebdomadaire *Le Point*. Nos nouvelles demandes d'entretien, au titre de cet ouvrage, n'ont pas abouti.

Christophe Billan, qui avait tendu la main à Marion Maréchal. Évoquant une *« sortie de route »* isolée, il avait regretté que Sens commun soit *« diabolisé »*. Et n'avait pas contredit son mentor, François Fillon, lorsqu'il avait émis l'hypothèse, en cas de victoire à la présidentielle, que des représentants du groupuscule fassent leur entrée au gouvernement.

Dès son arrivée aux commandes de la région, le nouveau président des Pays de la Loire se démarque par son pointillisme juridique. Une demande de subvention du centre LGBT de Nantes est rejetée en 2016 au prétexte qu'a été organisée une réunion d'information sur la GPA interdite en France.

Bruno Retailleau n'est pas non plus le bienvenu au Hellfest, festival de metal et musiques extrêmes qui rassemble chaque été plusieurs dizaines de milliers de fans à Clisson, en Loire-Atlantique. Son patron Ben Barbaud, accoutumé aux cris d'orfraie – en 2009, le site avait été aspergé d'eau bénite par des catholiques intégristes pour dénoncer un rassemblement sataniste –, avait vu rouge quand le nouveau président de la région l'avait sommé de déprogrammer, au nom de la lutte contre la haine raciale, le groupe Down. Quelques jours plus tôt, son chanteur Phil Anselmo s'était laissé aller à un salut nazi sur scène à Los Angeles, avant de s'excuser pour cette pathétique provocation. *« Je vais devancer leur décision : qu'ils gardent leur subvention de 20 000 euros »*, avait répliqué Ben Barbaud, fort d'un budget de 16 millions d'euros et bien décidé à ne pas laisser des responsables politiques s'immiscer dans le choix des artistes, question de principe.

Dans un registre plus léger, on mentirait en disant que le sénateur de Vendée s'est extasié devant certains tableaux de la cérémonie d'ouverture des Jeux olympiques de Paris à l'été 2024. Mais comment ne pas être bluffé par les vues aériennes à couper le souffle de la capitale lorsqu'on a soi-même goûté à la mise en scène ? Bruno Retailleau décernant de bons points à Thomas Jolly, qui l'eût imaginé ? *« Il y a des choses qui ne lui ont pas plu, bien sûr. Mais en tant qu'ancien metteur en scène, il a trouvé le show incroyable*, raconte un proche. *Il sait que la culture d'État n'est pas toujours de bon goût, il n'a pas été surpris. »*

Il a été moins séduit par la prestation de Philippe Katerine, nu comme un ver et tout de bleu grimé. Son lointain cousin supposé. Si on en croit le site Internet Geneanet, le « premier flic de France » et le fantasque artiste, qui a grandi à Chantonnay en Vendée dans une famille catholique, auraient un lointain lien de parenté. Curieux de le rencontrer, Retailleau nous avait dit percevoir *« une belle personne, qui a de l'empathie »*. Pas rancunier, après la chronique abrasive que Katerine avait livrée sur France Inter quelques jours après sa nomination à l'Intérieur. En verve, le chanteur avait imaginé au micro leur prétendue enfance commune, sur l'air de *Né quelque part* de Maxime Le Forestier (« On ne choisit pas ses parents, on ne choisit pas sa famille ») : *« Il m'est revenu le souvenir du petit Bruno, petit malgré ses huit années de plus que moi. Bruno, celui qui avait lu tant de livres au travers de ses épaisses lunettes, parlait mieux qu'on ne parlerait jamais, mais disait déjà de la m...* »

⋆

Lors des débats chaotiques sur la « PMA pour toutes », promise par Emmanuel Macron pour ouvrir l'aide à la procréation aux femmes célibataires et aux couples de lesbiennes, le Vendéen défend une vision tout aussi classique de la cellule familiale. La « *PMA sans père* », selon son expression inspirée de La Manif pour tous, serait une brèche vers la GPA, voire vers « *le transhumanisme* » qui conduirait à « *remplacer le "naturel" par "l'artificiel"* », écrit-il dans son livre-programme *Refondation*. « *Ce choix sera notre malédiction* » abonde l'eurodéputé François-Xavier Bellamy, hostile à cette évolution sociétale qui transgresse à ses yeux les limites fixées par la condition humaine. À la tribune du Sénat, Bruno Retailleau va jusqu'à mettre en doute le modèle de la famille monoparentale qui, dit-il, « *fragilise le parent isolé et peut donc augmenter les risques pour l'enfant* ». « *Les choses peuvent bien se passer dans certaines familles monoparentales, mais les risques sont accrus* », pointe-t-il. Des propos « *insultants* » pour les 2,5 millions de familles comptant un seul parent, s'insurge Laurence Rossignol, sénatrice socialiste et ancienne ministre « des » Familles de François Hollande. La majorité sénatoriale de droite poussera l'obstruction sur ce texte jusqu'à adopter un amendement bannissant les femmes célibataires du bénéfice de la réforme.

Tout à son combat contre le *« progressisme woke »*, le Vendéen figurait également parmi les 28 sénateurs qui ont voté contre la création d'un délit bannissant les thérapies de conversion, jugeant le texte trop *« ambigu »*. Promulguée en janvier 2022, cette loi sanctionne de deux ans de prison et de 30 000 euros d'amende les « thérapeutes », stages, séances d'exorcisme voire d'électrochocs promettant de « remettre dans le droit chemin », selon l'expression consacrée, les personnes gays et transsexuelles, sans aucune base scientifique.

Au printemps 2024, enfin, les sénateurs LR adoptent une proposition de loi restreignant strictement l'accès des mineurs aux bloqueurs de puberté, dans le cadre des transitions de genre. Une initiative dénoncée comme « anti-trans » par les associations. Le ministre chargé de la Santé Frédéric Valletoux, proche d'Édouard Philippe, s'en émeut et invite, en vain, la majorité sénatoriale à attendre l'avis éclairé de la Haute autorité de santé : *« Tout ce que j'ai entendu m'a donné l'impression que nous étions dans une approche totalement dogmatique, subjective, où les arguments médicaux et scientifiques avaient peu d'importance et où il était important de marquer politiquement des points. »* Président du groupe, Bruno Retailleau avait tout loisir de ne pas inscrire à l'ordre du jour ce texte porté par la sénatrice Jacqueline Eustache-Brinio, qu'il a depuis promue vice-présidente des Républicains. Parmi ses attributions de ministre de l'Intérieur, détaillées dans le décret du 10 octobre 2024 paru au *Journal officiel*, il comptait initialement la lutte contre « *les discriminations en raison des orientations sexuelles et des identités de genre, ainsi qu'à l'égard des personnes intersexuées* ». Cette mention a disparu du nouveau décret d'attribution publié le 8 janvier 2025, à la suite de sa confirmation place Beauvau après la chute de Michel Barnier.

Qu'en est-il depuis son accession au gouvernement ? Bruno Retailleau a-t-il mis en sourdine ses combats sociétaux, au nom d'un supposé moratoire ? Le dossier si sensible de la fin de vie apporte, à cet égard, un éclairage instructif. Parmi les conditions qu'il a posées à François Bayrou, après sa nomination à Matignon, figurait l'engagement que cette réforme soit scindée en deux : l'aide active à mourir, volet le plus polémique auquel il est résolument opposé, ne devait en aucun cas faire l'objet d'un projet de loi d'origine gouvernementale pour ne pas lui lier les mains, mais d'une proposition de loi d'initiative parlementaire ; à l'inverse, le volet consensuel sur le développement des soins palliatifs serait bien endossé par le gouvernement. « *S'il y avait eu un projet de loi sur la fin de vie*, assène un proche, *Bruno partait.* »

De même l'équipe de Beauvau a copiloté fin 2024, en lien avec le groupe LR du Sénat, une tribune signée par cent sénateurs pour soutenir le ministre délégué à la Réussite scolaire du gouvernement Barnier, le LR Alexandre Portier. Lequel dénonçait, en s'opposant frontalement à sa ministre de tutelle, la macroniste

Anne Genetet, le futur programme d'éducation à la vie sexuelle, l'accusant de promouvoir la « théorie du genre ».

★

La ligne politique de Bruno Retailleau est-elle, dès lors, condamnée à ne jamais dépasser le score de son ami François-Xavier Bellamy aux européennes de 2024 ou d'Éric Zemmour au premier tour de la présidentielle de 2022, soit 7 % environ des voix ? François Fillon, malgré ses déboires judiciaires, parvint avec un corpus d'idées similaire à arracher 20 % des suffrages au premier tour de la présidentielle de 2017.

Au sein même de la droite, de grandes figures l'ont mis en garde sur une radicalité qui pourrait le priver de second tour en 2027, comme Nicolas Sarkozy, on l'a vu, et François Fillon lui-même. Certains soutiens de l'ancien Premier ministre sont convaincus, à tort ou à raison, que son opposition au mariage gay a contribué à creuser sa tombe politique lors de la campagne présidentielle de 2017. « *Sans être complotiste, les réseaux gays et la franc-maçonnerie ont tué Fillon, et Retailleau les aura aussi contre lui. Et, depuis MeToo, un réseau féministe très puissant s'est constitué qui va aussi le dézinguer* », redoute un ancien de la campagne 2017, qui juge son espace « *très réduit* » pour ce motif précis. « *Pendant l'affaire Fillon, la Fraternelle du Sénat disait : "On a fait la peau de Fillon, maintenant on va faire celle de Retailleau !"* »

s'affole un autre, en agitant le fantasme récurrent du poids de la franc-maçonnerie dans les arcanes du pouvoir.

Chez les soutiens du Vendéen, certains ne désespèrent pas de le voir moderniser son propos. « *J'ai envie de l'entendre dire : "Je comprends que deux hommes puissent s'aimer"* », plaide l'un. D'autres, en coulisse, entendent bien peser dans une future campagne élyséenne pour infléchir sa position dans un sens plus libéral. Chez les macronistes qui le regardent encore comme un possible champion, c'est même devenu une condition *sine qua non*. Une figure de Renaissance tance : « *Il faut que Bruno s'ouvre sur sa gauche, car une majorité chez nous ne le suit pas. On a besoin de gages sur les questions de société.* »

Le « cardinal Retailleau » en sera-t-il capable ? Interrogé sur sa propension à mettre de l'eau dans son vin (de messe), un de ses lieutenants nous avait fait un jour cette réponse aussi franche qu'implacable : « *Ce n'est pas le genre de la maison.* »

Épilogue

A-t-il tant envie des sommets, au fond ? C'est une chose de présider aux destinées de son camp en se faisant élire à la tête d'un parti, une autre d'affronter le Vendée Globe de la politique française : la course à l'Élysée. Est-il, au plus profond de lui-même, disposé aux sacrifices qu'implique la vie de chef d'État : les siens pourchassés par les paparazzis, son patrimoine passé au scanner, sa famille placée sous protection, son couple sous pression ?

« Président de la République, vous devez faire un choix. Et c'est un choix qui engage la moindre parcelle de votre être. Il faut y consentir totalement, au sens de la volonté, et intégralement, de toutes ses ressources physiques, psychologiques. Il faut être dans cette équation-là. En clair, il faut le vouloir profondément », nous confiait-il un jour.

C'est au cours de l'hiver 2025 que cette ambition s'est chez lui cristallisée. Un week-end, alors qu'il sortait d'une séance au cinéma au bras de son épouse

Isabelle, un badaud s'est écrié : « *Bruno président !* » Il en a ressenti une profonde gêne. À la différence d'un grand fauve comme Nicolas Sarkozy, qui convoitait le titre de Jacques Chirac cinq ans avant de l'arracher, Bruno Retailleau n'en a pas eu envie à la seconde même où il a été nommé à l'Intérieur. « *Est-ce moi qui ai changé, ou est-ce le regard sur moi qui a changé ? Je n'ai jamais fait de plan de carrière, ce sont les circonstances qui m'ont toujours porté. Je ne sais pas si j'en ai envie* », s'interroge-t-il, au cours de cet hiver d'hésitations, devant les siens.

Qui n'ont pas pris de gants pour lui signifier qu'il n'aurait pas le droit de se défiler. « *Tu te trompes, Bruno, car ce n'est pas toi qui vas décider. Ce sont les sondages et l'opinion. Si tu es en tête, tu vas faire quoi ? Une renonciation à la Jacques Delors ?* » l'a houspillé un compagnon de route. En décembre 1994, l'ancien président de la Commission européenne avait renoncé à se présenter à quelques semaines du premier tour, laissant le PS exsangue et sans champion.

« *Qui a beaucoup reçu doit beaucoup donner* », professe un de ses partisans, comme lui croyant, en citant l'évangile selon saint Luc. L'ancien Premier ministre François Fillon, aussi, en rêve : « *J'ai tellement envie de voir une lumière s'allumer.* »

En novembre 2025, Bruno Retailleau fêtera ses 65 ans. Un âge crucial dans une vie d'homme. Pour lui, il le sait, c'est maintenant ou jamais. « *Ce n'est pas un homme de pouvoir, mais de devoir. Sa vocation a toujours été de s'engager pour le bien public* », veut croire Yves Gonnord, qui se souvient d'un échange éclairant dans un train entre Angers et Paris, au début de son divorce avec Philippe de Villiers. « *Quitte donc cette jungle, viens dans le privé !* » presse le chef d'entreprise, le voyant découragé. Réponse de Retailleau, qui se voyait préfet : « *Je ne sais pas faire.* »

*

A-t-il l'âme d'un numéro un, lui qui a poussé dans l'ombre de Fillon, après Villiers ? La question, qui avait sa pertinence par le passé, est aujourd'hui périmée. Son sacre à la tête des Républicains a douché ses doutes, levé ses préventions. Il ne compte plus céder sa place. La route, toutefois, s'annonce escarpée. Son positionnement idéologique peut-il séduire une majorité de Français ? Peut-on plaire aux électeurs de Marine Le Pen, sans faire fuir en courant ceux d'Emmanuel Macron ? C'est cet insolite « et en même temps » que le Vendéen ambitionne de tenter. « *Les temps qui viennent n'appellent pas l'eau tiède, la demi-mesure, l'entre-deux* », défend-il.

Et combien de candidats de droite et du centre seront sur la ligne de départ ? Faudra-t-il une primaire pour les départager ? Il entend, bien sûr, la petite musique qui lui prête l'idée d'un ticket avec Édouard Philippe pour 2027, lui à Matignon, l'autre à l'Élysée. Fantasme ? Les deux hommes, humainement s'entend, s'apprécient et se gardent de trop s'attaquer.

Mais quoi de commun entre le Havrais disposé à tendre la main à la gauche, jusqu'à s'être invité en débat à la Fête de l'Humanité, et celui qui convoite en priorité les 8,1 millions d'électeurs[1] qui seront peut-être orphelins demain de la triple candidate du RN ? Bruno Retailleau n'a jamais vraiment cru au juppéiste et ne partage pas ses options libérales, pas plus sur le plan économique que sociétal. Édouard Philippe ? « *Un dandy* », a-t-il longtemps songé en petit comité.

Qui sait, de même, si Emmanuel Macron ne lui réserve pas un drôle de tour ? Quand Michel Barnier est tombé, des proches de Retailleau auraient bien vu leur chef à Matignon, avec un gouvernement resserré d'état d'urgence. « *Ce serait un très grand Premier ministre. François Hollande a bien nommé Manuel Valls et François Mitterrand Jacques Chirac !* » proclamait l'un, prêt à aller chercher des majorités ponctuelles avec le RN, pour braver le refus de la gauche.

Il faudra bien, enfin, se dire adieu et sortir du gouvernement. S'il veut tenter l'aventure de la présidentielle, il ne devra pas trop s'éterniser au cœur de la macronie, au risque de finir comptable pour partie du quinquennat. « *Bruno va être, bon an mal an, solidaire d'un gouvernement de bras cassés ! Il faut qu'il trouve le bon moment pour s'émanciper mais, comme il n'a jamais eu le pouvoir, il est émerveillé* », frémit un de ses conseillers.

1. Score de Marine Le Pen au premier tour de la présidentielle de 2022, soit 23,15 %.

Pour cet homme trop longtemps sevré des manettes, l'idée de céder si vite de prestigieuses fonctions n'a rien d'évident.

Encore faut-il pouvoir se prévaloir d'un bilan. Ses opposants, sur ce terrain, l'attendent au tournant. *« Retailleau, ce sont des déclarations à grands coups de menton. Ça joue les Rambo de la politique migratoire, mais le résultat c'est zéro plus zéro, la tête à Toto ! »* mitraille un présidentiable de gauche.

S'il peut, comme il l'entend, choisir son destin en démissionnant de lui-même d'ici à l'automne 2026, il y a fort à parier que Bruno Retailleau cherchera un prétexte puissant. Tel Jacques Chirac qui, en 1976, avait renoncé à Matignon pour briguer l'Élysée, en arguant qu'il n'avait pas les moyens de son action. La crise diplomatique avec le régime algérien, qu'il a entretenue non sans arrière-pensées, serait une excuse toute trouvée tant elle touche à l'identité même du pays. Pour qui douterait encore de ses intentions, un de ses lieutenants file, à son propos, la métaphore marine du Vendée Globe : solidement arrimé à son port d'attache de Saint-Malô comme à ses convictions, mais prêt à hisser les voiles pour conquérir le monde. En aura-t-il l'audace ?

Remerciements

Combien de fois m'est revenue cette interrogation qu'il soumettait aux siens : « *Ce livre, tu crois que c'est une bonne idée ?* » En relevant le défi, sans jamais chercher à m'entraver, Bruno Retailleau a pris son risque. La chose est devenue suffisamment rare dans la classe politique pour ne pas être saluée. Merci, donc, à ses conseillers, à ses intimes et à ses soutiens. À ses rivaux aussi, qui pouvaient légitimement redouter cet homme qui aime à répéter : « *Quand on me cherche, on me trouve.* » Un regret : que Philippe de Villiers n'ait pas accepté de jouer le jeu. On gagne toujours à débattre et à donner son point de vue. Merci, enfin, aux belles âmes qu'il m'a été donné de croiser au fil de cette enquête, élus désintéressés, amoureux de la Vendée, tous passionnés. Et une pensée toute particulière pour celui qui m'a accompagnée avec tant de douceur, même quand je lui faisais des frayeurs : Thierry Billard, mon éditeur depuis tant d'années, auquel je suis si attachée.

Table

Imprimé en France par
CPI Brodard & Taupin
en août 2025

pca cmb
édition pré-presse
livres numériques

44400 Rezé

#lisez! engagé
www.lisez.com
Pour plus d'information :
Imprimé sur du papier issu de forêts gérées durablement.

Imprimé en France sur du papier issu de forêts gérées durablement.

N° d'édition : 68827/01 – N° d'impression : 3062418